CARTEA COMPLETĂ DE BUTURI ȘI FLORI

100 de rețete de flori comestibile delicioase și frumoase

Adela Slăboiu

Material cu drepturi de autor ©2024

Toate drepturile rezervate

Nicio parte a acestei cărți nu poate fi utilizată sau transmisă sub nicio formă sau prin orice mijloc fără acordul scris corespunzător al editorului și al proprietarului drepturilor de autor, cu excepția citatelor scurte utilizate într-o recenzie. Această carte nu trebuie considerată un substitut pentru sfaturi medicale, juridice sau alte sfaturi profesionale.

CUPRINS _

- CUPRINS _ 3
- INTRODUCERE 7
- **MIC DEJUN ȘI BRUNCH** 9
  - 1. Frittata cu flori de dovlecel 10
  - 2. Ouă Umplute Cu Nasturtiums 12
  - 3. Omletă cu arpagic cu flori albastre la cuptor 14
  - 4. Crepe de caise-lavandă 16
  - 5. Ouă Cu Flori Arpagicul 19
  - 6. Granola cu flori comestibile 21
  - 7. Ouă Oleite Cremoase Cu Flori Comestibile 23
  - 8. Clatite cu panselute 25
  - 9. Castron brazilian de açaí Puterea florii 27
  - 10. Mic dejun Cartofi Dulci Cu Ceai Hibiscus Iaurt 29
  - 11. Smoothie Castron de mango 32
- **GUSTĂRI ȘI APERITIVE** 34
  - 12. Sandvișuri comestibile cu ceai de flori 35
  - 13. Nasturtium umplute 37
  - 14. Salată de aperitiv cu creveți Nasturtium 39
  - 15. Păpădie de flori 41
  - 16. Bejelii de porumb și gălbenele 43
  - 17. Rulouri de primăvară cu flori comestibile 45
  - 18. Bejituri de flori de salcâm 47
  - 19. Brânză de capră cu flori comestibile 49
- **FORM PRINCIPAL** 51
  - 20. Salată de Vită Adobo Cu Salsa Hibiscus 52
  - 21. Ravioli Mixte De Flori Si Branza 55
  - 22. Lasagna de păpădie 57
  - 23. Miel și purslane cu năut 60
  - 24. Pește copt în folie cu gălbenele mexicane de mentă 63
  - 25. Farfalle Cu Legume Si Lavanda 65

26. Paste cu urzici cu parmezan vegan 67
27. Legume de iarnă și gnocchi 69

SUPE 71

28. Supă de frunze de borage și iarbă de grâu 72
29. Supă de flori de dovleac 74
30. Supă de cervil Nasturtium 76
31. Bol cu crizantemă asiatică 78
32. Supă de fasole neagră și flori de arpagic s...................................80
33. Supa de salata verde nasturtium 83
34. Supă de fenicul cu flori comestibile 85
35. Supă de mazăre verde cu flori de arpagic 87
36. Vichyssoise cu flori de borage 89

SALATE 91

37. Salata Curcubeu 92
38. Microverde și salată de mazăre de zăpadă..................................94
39. Nasturtium Si Salata De Struguri 96
40. Salată de vară cu tofu și flori comestibile 98
41. de cartofi si nasturtium 100
42. Salata De Papadie Si Chorizo 102
43. Borraj și castraveți în sos de smântână 104
44. Varză roșie cu crizantemă s 106
45. Salata de sparanghel 108
46. Salată de panseluțe 110
47. Salată verde cu flori comestibile 112

CONDIMENTE SI GARNITURILE 114

48. Pesto de nasturtium 115
49. Dulceata de lavanda de capsuni 117
50. Sirop de caprifoi 119
51. Violet Miere 121
52. Garnitură de flori pentru brânză 123
53. Violete confiate 125
54. Crizantema prăjită Ceapa 127
55. Petale de trandafir confiate 129
56. Miere infuzată cu flori de liliac 131

57. Sos de măceșe și coacăze 133

BĂUTURI 135

58. Smoothie Castron Matcha și Nasturtiums 136
59. Apa de lavandă de afine 138
60. Smoothie Castron cu piersici 140
61. Chefir dulce cu lapte de lavandă 142
62. Ceai vindecător de caprifoi 144
63. Ceai de crizantemă și flori de soc 146
64. Ceai de musetel si fenicul 148
65. Ceai de Păpădie și Brusture 150
66. Ceai de șoricel și galbenele 152
67. Ceai de calotă și flori de portocal 154
68. Ceai de ingrijire la rece din flori de galbenele 156
69. Flori Coltsfoot Ceai 158
70. Ceai verde de trandafiri 160
71. Ceai de sprijin imunitar de echinaceea 162
72. Ceai tonic cu flori de trifoi roșu 164
73. Ceai Negru Rosy 166
74. Ceai vindecător de caprifoi 168
75. A inflori Tisane 170
76. Ceai de crizantemă cu Goji 172
77. Ceai de flori de papadie 174
78. Ceai Lapte cu flori de mazăre fluture 176
79. Ceai Lapte cu flori de hibiscus 178
80. Rădăcină de valeriană Ceai super relaxant 180
81. Sunătoare Ceai calmant 182
82. Ceai de intinerire 184
83. Ceai pentru răceli și rągușeală 186
84. Ceai de plante din flori de tei 188
85. Ceai de popuri 190
86. Ceai de trifoi roșu 192
87. Vin trandafir și lavandă 194

DESERT 196

88. Afine Lavanda Merisoare Crisp 197
89. Dulceata de rubarbă, trandafir și căpșuni 199

90. Biscuiți cu picături de portocale și gălbenele 201
91. Parfait de iaurt cu microgreens 203
92. Pâini în miniatură cu flori de morcov 205
93. Biscuiți cu isop cu anason 207
94. Lemon Pansy Pie 209
95. Biscuiti cu musetel 212
96. Sorbet de căpșuni și mușețel 214
97. Carnation Marshmallow Fudge 216
98. Înghețată violet 218
99. Sufleu violet 220
100. Pavlova de căpșuni, mango și trandafir 222

CONCLUZIE **225**

INTRODUCERE

Pornește într-o călătorie culinară în care lumea vibrantă a mugurilor și florilor ocupă centrul scenei. „Cartea Completă De Buturi Și Flori" vă invită să explorați tărâmul florilor comestibile, unde gustul se întâlnește cu estetica într-o sărbătoare armonioasă a bunătății naturii. Această colecție de 100 de rețete delicioase și frumoase ridică aromele florale de la simple podoabe la punctul focal al mâncărurilor delicioase, oferind o experiență senzorială care transcende obișnuitul.

Florile comestibile au fost un element captivant în tradițiile culinare din întreaga lume, includerea lor adăugând o notă de eleganță și fantezie preparatelor. În această carte de bucate, ne scufundăm în arta de a încorpora flori în mesele noastre, transformându-le din simple ingrediente în capodopere culinare. Fiecare rețetă este o mărturie a diversității de arome pe care paleta naturii le oferă, de la dulceața delicată a violetelor până la notele piperate de nasturțium.

Cartea de bucate celebrează peisajul comestibil, în care petalele și florile nu sunt doar pentru atracție vizuală, ci contribuie cu esența lor unică la o simfonie a gusturilor. Fie că ești un bucătar cu experiență sau un bucătar de casă aventuros, aceste rețete te vor inspira să îmbrățișezi frumusețea și aromele florilor comestibile în creațiile tale culinare.

„Cartea Completă De Buturi Și Flor" depășește obișnuitul, prezentând rețete care nu sunt doar delicioase, ci și uimitoare vizual. De la salate împodobite cu panseluțe până la deserturi înflorite cu petale de trandafir, fiecare fel de mâncare este o pânză în care culorile și formele florilor comestibile prind viață. Prin instrucțiuni detaliate și fotografii inspiratoare, această carte de bucate vă încurajează să vă dezlănțuiți creativitatea în bucătărie, transformând fiecare masă într-o operă de artă.

Cartea de bucate este o sărbătoare a anotimpurilor, deoarece flori diferite înfloresc în diferite perioade ale anului. Încurajează cititorii să exploreze piețele locale, grădinile sau chiar propria curte pentru a descoperi gama largă de flori comestibile disponibile. Făcând acest lucru, favorizează o conexiune mai profundă cu natura și o apreciere pentru recompensă pe care o oferă.

Pe măsură ce răsfoiți paginile din „Cartea de bucate completă pentru muguri și flori", veți descoperi căsătoria armonioasă a aromelor pe care florile comestibile o aduc la masă. Fiecare rețetă este o simfonie realizată cu atenție, care echilibrează dulceața subtilă a florilor cu cea savuroasă și acidulată, creând o experiență culinară care implică toate simțurile.

Indiferent dacă pregătiți o cină romantică, găzduiți o petrecere în grădină sau pur și simplu doriți să adăugați o notă de eleganță meselor tale de zi cu zi, această carte de bucate oferă o gamă variată de rețete pentru fiecare ocazie. Este o invitație de a explora potențialul culinar al florilor, transformându-ți bucătăria într-un refugiu parfumat și aromat.

MIC DEJUN ȘI BRUNCH

1. Frittata cu flori de dovlecel

INGREDIENTE:
- 2 linguri ulei de canola
- 2-3 catei de usturoi tocati
- ½ cană ceapă tocată
- ¼ cană de ardei roșu tocat
- 12 flori de dovlecel, spălate și uscate
- 1 lingura busuioc proaspat tocat
- ½ lingură oregano proaspăt tocat
- 4 ouă
- Sare si piper

INSTRUCȚIUNI:
a) Preîncălziți cuptorul la 400 de grade F.
b) Într-o tigaie rezistentă la cuptor, încălziți uleiul de canola.
c) Adăugați usturoiul, ceapa și ardeiul roșu.
d) Se prăjește aproximativ un minut.
e) Adăugați florile de dovlecel și gătiți, amestecând din când în când, timp de aproximativ zece minute până se rumenesc ușor.
f) Adăugați busuiocul și oregano. Se amestecă pentru a se amesteca bine.
g) Intr-un castron, batem ouale cu sare si piper dupa gust. Se amestecă în legume.
h) Reduceți focul și gătiți până când ouăle sunt doar întărite. Dați tigaia la cuptor și coaceți până este gata aproximativ 15-20 de minute.
i) Tăiați felii și serviți. Poate fi servit la temperatura camerei sau fierbinte.

2.Ouă Umplute Cu Nasturtiums

INGREDIENTE:
- 2 ouă fierte tari
- 4 mici Frunze de nasturtium si tulpini fragede, tocate
- 2 flori de nasturtium, tăiate în fâșii înguste
- 1 crenguță de cervil proaspăt, tocat
- 1 crenguță pătrunjel italian proaspăt, frunze tocate fin
- 1 ceapă verde, parte albă și verde pal
- Ulei de măsline extra virgin
- Sare de mare fină, după gust
- Piper negru, macinat grosier, dupa gust
- Frunze de nasturtium si flori de nasturtium

INSTRUCȚIUNI:
a) Gătiți ouăle în apă clocotită până când gălbenușurile sunt tari, nu mai.
b) Tăiați fiecare ou în jumătate pe lungime și îndepărtați cu grijă gălbenușul. Puneți gălbenușurile într-un castron și adăugați frunze de nasturțiu, tulpini și flori și cervil tocat, pătrunjel și ceapă verde.
c) Se zdrobește cu o furculiță, adăugând suficient ulei de măsline pentru a face o pastă.
d) Asezonați după gust cu sare de mare și piper
e) Sărați ușor albușurile
f) Umpleți ușor cavitățile cu amestecul de gălbenușuri și ierburi.
g) Se macină niște piper deasupra.
h) Aranjați frunzele de nasturțiu pe o farfurie și puneți deasupra ouăle umplute.
i) Se ornează cu flori de nasturtium.

3.Omletă cu arpagic cu flori albastre la cuptor

INGREDIENTE:
- 4 ouă
- 4 linguri lapte
- Sare si piper dupa gust
- 2 linguri Arpagic tocat
- 3 linguri de unt
- 1 duzină de flori de arpagic

INSTRUCȚIUNI:

a) Topiți untul într-o tigaie apoi combinați ingredientele rămase într-un blender și turnați în tigaia fierbinte, unsă cu unt.

b) Pe măsură ce marginile omletei încep să se întărească, reduceți puțin focul și, cu o spatulă, întoarceți ouăle nefierte pe fundul tigaii până sunt toate fierte.

c) Presărați florile spălate peste vârful ouălor, apoi îndoiți omleta și lăsați să se fiarbă încă câteva minute. Servi.

4. Crepe de caise-lavandă

INGREDIENTE:
- 1½ lingură Unt
- ½ cană de lapte
- 1½ lingură ulei de arahide
- 6½ linguri făină universală
- 1 lingura de zahar, generos
- 1 ou
- ⅓ linguriță de flori proaspete de lavandă
- 14 Caise uscate, turcesti
- 1 cană de vin Riesling
- 1 cană de apă
- 1½ lingurita coaja de portocala, rasa
- 3 linguri Miere
- ½ cană de vin Riesling
- ½ cană apă
- 1 cană de zahăr
- 1 lingura coaja de portocala
- ½ lingură coajă de lămâie
- 1 linguriță flori proaspete de lavandă
- 1 praf crema de tartru
- Frisca aromata, optional
- Crengute de lavanda, pentru ornat

INSTRUCȚIUNI:
ALAT DE CREPE
a) Topiți untul la foc moderat.
b) Continuați să încălziți până când untul capătă o culoare maro deschis.
c) Se adauga laptele si se incalzeste putin.
d) Transferați amestecul într-un bol. Bateți ingredientele rămase până la omogenizare.
e) Dați la frigider pentru o oră sau mai mult.
f) Gătiți crepurile, stivuindu-le cu folie de plastic sau pergament între ele pentru a preveni lipirea.
g) Se da la frigider pana este gata de utilizare.

Umplutura de caise

h) Combinați toate ingredientele într-o cratiță.
i) Se fierbe aproximativ o jumătate de oră, sau până când caisele sunt moi.
j) Pasează amestecul într-un robot de bucătărie până când este aproape omogen. Misto.

SOS RIESLING
k) Combinați toate ingredientele într-o cratiță.
l) Se aduce la fierbere, amestecând până se dizolvă zahărul.
m) Ungeți părțile laterale ale cratiței cu o perie înmuiată în apă rece pentru a preveni cristalizarea.
n) Gatiti, periand ocazional, la 240 de grade F. pe un termometru pentru bomboane.
o) Scoateți de pe foc și scufundați fundul oalei în apă cu gheață pentru a opri gătitul.
p) Chill.

A SERVI
q) Rulați 3 linguri de umplutură în fiecare crep, permițând două crepe pe porție.
r) Aliniați crepele într-o tavă de copt unsă cu unt.
s) Acoperiți cu folie unsă cu unt pe interior. Se încălzește într-un cuptor la 350 de grade F.
t) Transferați crepele pe farfurii de servire. Puneți sosul peste și în jurul crepselor.
u) Ornați cu frișcă, dacă doriți, și crenguțe de lavandă.

5.Ouă Cu Flori Arpagicul

INGREDIENTE:
- 2 linguri ulei de masline
- 3 tulpini de arpagic cu flori de arpagic
- 2 oua
- Sare cușer
- 1 brioșă englezească multicereală sau 2 felii de pâine

INSTRUCȚIUNI:
a) Într-o tigaie se încălzește uleiul de măsline.
b) Rupeți aproximativ arpagicul și florile în bucăți de 2 până la 3 inci și puneți-le în ulei de măsline pentru a se încălzi timp de 30 de secunde.
c) Spargeți ouăle în tigaie, adăugați un strop de sare kosher și continuați să gătiți până când albușurile sunt fierte, dar gălbenușul curge încă aproximativ 3 minute.
d) Între timp, prăjiți brioșa englezească.
e) Când ouăle sunt gata, glisați-le pe jumătățile de brioșe englezești și mâncați cu un cuțit și o furculiță.

6.Granola cu flori comestibile

INGREDIENTE:
- suc de la ½ lămâie
- coaja de la 1 lamaie
- ¼ cană zahăr
- 1 galbenus de ou
- 2 linguri de unt tăiat mărunt
- ¼ cană iaurt grecesc
- ½ cană migdale prăjite
- ½ cană de afine
- ½ cană granola
- panseluțe, nasturțium și garoafe

INSTRUCȚIUNI:
a) Într-o oală puneți sucul de lămâie, coaja de lămâie, zahărul și gălbenușul de ou.
b) Gatiti, amestecand continuu cu o lingura de lemn pana se ingroasa.
c) Când este gata, puneți-l pe o parte și adăugați untul și tăiați-l în bucăți. Se amestecă până se topește untul și se lasă la răcit. Cand s-a rece adaugati iaurtul si amestecati.
d) Prăjiți migdalele într-o tigaie cu o linguriță de ulei.
e) Când toate ingredientele sunt gata, începeți să stratificați toate ingredientele.
f) Începeți cu granola, apoi jumătate din nuci, amestecul de iaurt-lămâie, fructele de pădure și restul de nuci, acoperiți cu restul amestecului de iaurt și decorați cu flori comestibile.

7.Ouă Oleite Cremoase Cu Flori Comestibile

INGREDIENTE:
- 12 ouă
- ½ cană smântână ușoară
- 2 lingurite frunze proaspete de cervil tocate
- 2 lingurite frunze proaspete de tarhon tocate
- 2 lingurite frunze de patrunjel proaspat tocate
- 2 lingurite de arpagic proaspat tocat
- Sare si piper negru proaspat crapat
- 4 linguri de unt nesarat
- 8 uncii brânză de capră, măruntită
- O mână de flori comestibile
- Crengute de patrunjel proaspat, pentru decor
- pâine de secară prăjită

INSTRUCȚIUNI:
a) Într-un castron, bateți ouăle, smântâna, cervilul, tarhonul, pătrunjelul, arpagicul și puțină sare și piper.
b) Într-o tigaie antiaderentă, se topește untul, se adaugă ouăle și se amestecă la foc mic până când ouăle încep să se întărească.
c) În tigaie, amestecați brânza de capră și continuați să gătiți pentru scurt timp, amestecând încă din când în când până când brânza se topește. Adăugați florile comestibile.
d) Pentru a servi, puneți câteva ouă pe pâinea de secară și puneți-le pe o farfurie cu o crenguță de pătrunjel deasupra pentru ornat.
e) Serviți imediat.

8.Clatite cu panselute

INGREDIENTE:
- 1^1/$_2$ cană de lapte
- ^{1}/$_2$ cană apă
- 1 lingura zahar
- ^{1}/$_4$ linguriță sare
- 3 linguri de unt nesarat, topit
- ^{1}/$_2$ cană făină de hrișcă
- ^{3}/$_4$ cană făină universală
- 3 oua
- 12 flori de panseluță
- Sirop de panseluțe simplu sau sirop de flori de orice fel, pentru topping, dacă se dorește

INSTRUCȚIUNI:
a) Pune toate ingredientele cu excepția florilor de panseluță într-un blender. Se amestecă până la omogenizare.
b) Dați la frigider pentru cel puțin 2 ore și până la noapte.
c) Lăsați aluatul să ajungă la temperatura camerei înainte de prăjire. Agită bine.
d) Se încălzește o tigaie antiaderentă și se topește untul.
e) Ridicați tigaia de pe foc și turnați ¼ de cană de aluat în mijloc, înclinând și răsturnând tigaia pentru a o distribui rapid și uniform. Reveniți la căldură.
f) După aproximativ 1 minut, stropiți cu panseluțe.
g) Folosește o spatulă pentru a slăbi marginile crepului de pe părțile laterale ale tigaii.
h) Întoarceți crepa și gătiți încă 30 de secunde.
i) Întoarceți-l sau glisați-l pe o farfurie de servire. Repetați cu aluatul rămas.

9. Castron brazilian de açaí Puterea florii

INGREDIENTE:
PENTRU AÇAÍ
- 200 g açaí congelat
- ½ banană, congelată
- 100 ml apă de cocos sau lapte de migdale

TOppinguri
- Granola
- Flori comestibile
- ½ banană, tocată
- ½ lingură miere crudă
- Seminte de rodie
- Nucă de cocos mărunțită
- Fistic

INSTRUCȚIUNI:
a) Pur și simplu adăugați açaí și banana într-un robot de bucătărie sau blender și amestecați până la omogenizare.
b) În funcție de cât de puternică este mașina dvs., ar putea fi necesar să adăugați puțin lichid pentru a o face cremoasă. Începeți cu 100 ml și adăugați mai mult după cum este necesar.
c) Se toarnă într-un bol, se adaugă toppingurile și savurează-te!

10. Mic dejun Cartofi Dulci Cu Ceai Hibiscus Iaurt

INGREDIENTE:
- 2 cartofi dulci mov

PENTRU GRANOLA:
- 2 ½ căni de ovăz
- 2 lingurite de turmeric uscat
- 1 lingurita scortisoara
- 1 lingura coaja de citrice
- ¼ cană miere
- ¼ cană ulei de floarea soarelui
- ½ cană semințe de dovleac
- strop de sare

PENTRU IAURT:
- 1 cană iaurt simplu grecesc
- 1 lingurita sirop de artar
- 1 pliculeț de ceai de hibiscus
- flori comestibile, pentru decor

INSTRUCȚIUNI:
a) Preîncălziți cuptorul la 425 de grade și înțepați cartofii peste tot cu o furculiță.
b) Înfășurați cartofii în folie și coaceți timp de 45 de minute până la o oră.
c) Scoateți din cuptor și lăsați să se răcească.

PENTRU GRANOLA:
d) Reduceți căldura cuptorului la 250 de grade și tapetați o tavă de copt cu hârtie de copt.
e) Combinați toate ingredientele granola într-un castron și amestecați până când totul este acoperit cu miere și ulei.
f) Transferați pe tava tapetată și întindeți cât mai uniform posibil.
g) Coaceți timp de 45 de minute, amestecând la fiecare 15 minute, sau până când granola se rumenește.
h) Scoateți din cuptor și lăsați să se răcească.

PENTRU IAURT:
i) Faceți ceai de hibiscus conform instrucțiunilor pliculeței și lăsați-l deoparte să se răcească.
j) Odată ajuns la temperatura camerei, amestecați siropul de arțar și ceaiul în iaurt până când ajungeți la o textură netedă și cremoasă, cu o nuanță ușor roz.

A ASAMBLA:
k) Tăiați cartofii în jumătate și acoperiți cu granola, iaurt aromat și flori comestibile pentru ornat.

11. Smoothie Castron de mango

INGREDIENTE:
- 1,5 căni bucăți de mango congelate
- ½ cană iaurt grecesc cu aromă de vanilie sau nucă de cocos
- ½ cană de lapte de cocos plin de grăsime sau lite
- Opțional 2 linguri de pudră proteică de colagen fără arome
- 1 lingurita ulei de cocos
- 1 lingurita miere infuzata sau obisnuita
- ⅛ linguriță de ghimbir măcinat
- ⅛ linguriță de turmeric măcinat
- ⅛ lingurita de piper negru macinat optional

INSTRUCȚIUNI:
a) Adăugați mango, iaurt, lapte de cocos, colagen, miere, ulei și ghimbir într-un blender.
b) Amestecați la maxim timp de 1 minut sau până devine omogen.
c) Decorați cu mango suplimentar și flori comestibile, dacă doriți.

GUSTĂRI ŞI APERITIVE

12.Sandvișuri comestibile cu ceai de flori

INGREDIENTE:
- ½ cană de flori comestibile precum liliac, bujor, gălbenele, roz, garoafa, trandafir și lavandă
- 4 uncii de cremă de brânză moale
- Pâine neagră tăiată subțire

INSTRUCȚIUNI:
a) Rupeți florile și amestecați-le cu cremă de brânză.
b) Se întinde pe pâine.

13. Nasturtium umplute

INGREDIENTE:
- Flori de nasturtium, cam patru de persoana, spalate cu grija si uscate
- 8 uncii cremă de brânză, la temperatura camerei
- 1 catel de usturoi, tocat fin
- ½ lingură arpagic proaspăt
- 1 lingura de cimbru de lamaie proaspat sau busuioc de lamaie, tocat

INSTRUCȚIUNI:
a) Amesteca bine crema de branza cu ierburi.
b) Așezați cu grijă 1-2 lingurițe din amestec în centrul florii cu o lingură sau o pungă de patiserie.
c) Se da la rece pana se serveste.

14. Salată de aperitiv cu creveți Nasturtium

INGREDIENTE:
- 2 lingurițe suc proaspăt de lămâie
- ¼ cană ulei de măsline
- Sare si piper
- 1 cană de creveți fierți, tocați
- 2 linguri ceapa tocata
- 1 roșie, tăiată cubulețe
- 1 avocado, cuburi
- Frunze de salata verde
- 2 linguri frunze de nasturtium tocate
- Flori de nasturtium

INSTRUCȚIUNI:
a) Se amestecă sucul de lămâie și uleiul. Asezonați cu sare și piper.
b) Adăugați ceapa și creveții și amestecați. Se lasa sa stea 15 minute.
c) Adăugați roșia, avocado și frunzele de nasturtium tocate.
d) Movila pe frunze de salata verde si inconjoara cu flori proaspete de nasturtium intregi.

15. Păpădie de flori

INGREDIENTE:
- 1 cană de făină integrală
- 2 linguri ulei de măsline
- 2 lingurițe Praf de copt
- 1 cană Flori de păpădie, curată și
- Nepulverizat
- 1 praf de sare
- 1 ou
- Spray cu ulei vegetal fără stoc
- ½ cană de lapte cu conținut scăzut de grăsimi -sau- apă

INSTRUCȚIUNI:

a) Într-un bol amestecați făina, praful de copt și sarea. Într-un castron separat, bate oul, apoi amestecă-l cu lapte sau apă și ulei de măsline. Se amestecă cu amestecul uscat.

b) Se amestecă cu grijă florile galbene, având grijă să nu le zdrobească. Pulverizați ușor un grătar sau o tigaie cu ulei vegetal. Se încălzește până se încălzește bine.

c) Turnați aluatul pe grătar cu o lingură și gătiți ca niște clătite.

16.Bejelii de porumb și gălbenele

INGREDIENTE:
- 8 uncii boabe de porumb dulce
- 4 linguri smântână groasă
- 1 lingura Faina
- ½ linguriță de praf de copt
- Sare de mare
- piper alb
- 1 lingura petale de galbenele
- 1 lingură ulei de floarea soarelui sau mai mult

INSTRUCȚIUNI:
a) Pune porumbul dulce într-un bol și toarnă peste smântână. Cerneți făina și praful de copt și asezonați după gust. Se amestecă petalele de gălbenele.
b) Puneți o tigaie mare și grea la foc mare și turnați uleiul. Puneți linguri din amestecul de pâine în ulei și prăjiți până devin aurii pe ambele părți, întorcându-le o dată. Apăsați amestecul cu o spatulă pentru a da un efect de dantelă la margini.
c) Gatiti frijiile in buchete pana se epuizeaza tot amestecul, adaugand mai mult ulei in tigaie daca este necesar.
d) Serviți fierbinte cu o legumă verde fierbinte sau salată și pâine brună și unt.

17. Rulouri de primăvară cu flori comestibile

INGREDIENTE:
RULOURI DE PRIMĂVARĂ
- 8 ridichi , feliate fâșii
- 5 cepe verzi , tăiate fâșii
- ½ castravete , tăiat în fâșii
- ½ ardei gras rosu , taiat fasii
- ½ ardei gras galben , feliat fasii
- 1 avocado , feliat în fâșii
- ½ cană ierburi proaspete , tocate grosier
- ½ cană de flori comestibile rămase întregi
- 9 împachetări de rulouri de primăvară din hârtie de orez

SOS
- 3 linguri de unt de migdale
- 1 lingura sos de soia
- 1 lingura suc de lamaie
- 1 lingura miere
- 1 lingurita de ghimbir ras
- 1 lingura apa fierbinte

INSTRUCȚIUNI:
a) Combinați toate ingredientele pentru sos într-un bol .
b) Umpleți un vas puțin adânc cu apă fierbinte. Lucrând pe rând, puneți ușor o hârtie de orez în apă fierbinte timp de aproximativ 15 secunde, sau până când este moale și flexibilă.
c) Mutați hârtia pe o suprafață umedă .
d) Lucrând rapid, stivuiți umpluturile pe hârtie de orez într-un rând lung și îngust, lăsând aproximativ 2 inci de fiecare parte.
e) Îndoiți părțile laterale ale hârtiei de orez peste movilă, apoi rulați ușor.
f) Acoperiți rulourile de primăvară terminate într-un prosop de hârtie umed până sunt gata de mâncare.
g) Serviți cu sos de unt de migdale, opțional tăiat în jumătate pentru a servi.

18. Bejituri de flori de salcâm

INGREDIENTE:
- ½ cană făină simplă
- ½ lingurita praf de copt optional
- ½ cană de bere
- 10 flori de salcâm proaspăt culese
- 1 lingura zahar brun
- ½ lămâie
- ulei vegetal pentru prajit

INSTRUCȚIUNI:
a) Scuturați și inspectați-vă florile de salcâm pentru a îndepărta orice murdărie sau insecte mici.
b) Faceți aluatul combinând făina și berea.
c) Bateți bine până la omogenizare, ar trebui să aveți un aluat curgător, ușor gros.
d) Ținând tulpina înmuiați florile în aluat și lăsați excesul să curgă.
e) Încinge o tigaie, cu suficient ulei în ea pentru a acoperi baza.
f) Prăjiți prăjiturile până când partea inferioară este maro aurie, întoarce-le și repetă.
g) Adăugați mai mult ulei dacă trebuie să gătiți un alt lot.
h) Cel mai bine este consumat când este foarte curând după gătire.
i) Se presară cu zahăr brun și un strop de lămâie.

19. Brânză de capră cu flori comestibile

INGREDIENTE:
- 4 uncii de brânză de capră înmuiată
- coaja de lamaie rasa fin din 1 lămâie
- 2 lingurițe frunze de cimbru proaspăt
- frunze de cimbru proaspăt și crenguțe pentru ornat
- flori comestibile pentru decor, opțional
- miere pentru burniță, opțional
- biscuiti pentru servire

INSTRUCȚIUNI:
a) Tapetați un castron sau un ramekin cu folie de plastic.
b) Încercați să aveți cât mai puține riduri în folie de plastic. Pus deoparte.
c) Combinați brânză de capră moale, coaja de lămâie și crenguțele de cimbru într-un castron și amestecați pentru a se combina.
d) Adăugați amestecul de brânză de capră în bolul pregătit și, folosind dosul unei linguri, împachetați amestecul pentru a scăpa de eventualele pungi de aer.
e) Trageți excesul de folie de plastic peste amestecul de brânză și puneți la frigider pentru 30 de minute .
f) Scoateți din frigider și răsturnați amestecul de brânză de capră pe locul de servire.
g) Îndepărtați folie de plastic și decorați după cum doriți cu frunze și/sau crenguțe de cimbru proaspăt și/sau flori și petale comestibile.
h) Serviți cu biscuiți și un castron cu miere pentru stropire.

FORM PRINCIPAL

20.Salată de Vită Adobo Cu Salsa Hibiscus

INGREDIENTE:
- 1 lingura ulei vegetal
- 2 muschii de vita, curatati
- ½ cană sos Adobo
- ½ cană de vin alb
- ¼ cană de zahăr
- ½ cană flori de hibiscus, uscate
- ½ cană de ghimbir, decojit și tăiat cubulețe
- Suc de 1 lămâie
- 2 linguri ulei de nuci
- 2 eșalope, tăiate cubulețe
- 2 căni de caise, tăiate cubulețe
- 2 linguri Busuioc, tocat
- 2 linguri Menta, tocata
- 2 lingurițe sare de mare
- 1 kg Verdure amestecate, curățate
- 1 kilogram de legume pentru copii, tăiate în jumătate
- 3 crengute de busuioc

INSTRUCȚIUNI:
SOS ADOBO
a) Înmuiați ardeiul ardei în apă fierbinte timp de 15 minute și faceți piure.
b) Marinați carnea de vită în sos adobo și ulei vegetal și păstrați-o la frigider.

SA FAC SALSA
c) Combinați vinul, zahărul, hibiscusul, ghimbirul și lămâia într-o cratiță și aduceți la fierbere.
d) Puneți deoparte și lăsați la macerat cel puțin 15 minute.
e) Se strecoară printr-o sită fină fără a presa, apoi se adaugă ulei de nucă, piersici, eșalotă, busuioc și mentă și se condimentează cu sare.
f) Pus deoparte.
g) Într-o tigaie, la foc mare, prăjiți carnea de vită timp de 45 de secunde până la 1 minut pe fiecare parte.
h) Sotește legumele pentru bebeluși cu crenguțe de busuioc în ulei vegetal timp de 2 minute și deglazează tigaia cu 1 uncie de vinegretă.
i) Împărțiți verdeața în centrul fiecărei farfurii, puneți carnea de vită deasupra și puneți legumele și salsa în jurul cărnii de vită și verdețurilor.

21.Ravioli Mixte De Flori Si Branza

INGREDIENTE:
- 12 piei Wonton
- 1 ou bătut pentru a sigila ravioli
- 1 cană petale de flori amestecate
- ⅓ cană brânză ricotta
- ⅓ cană brânză Mascarpone
- 4 linguri busuioc tocat
- 1 lingura Arpagic tocat
- 1 lingurita coriandru tocat
- ⅓ cană grâu moale lat, mărunțit
- 1½ linguriță de sare
- ½ linguriță Pastă de chili roșu
- 12 panseluțe întregi

INSTRUCȚIUNI:
a) Se amestecă toate ingredientele, cu excepția panseluțelor întregi. Pentru preparare, întindeți pielea wonton pe o suprafață.
b) Așezați 1 ½ linguriță de umplutură în mijlocul pielii wonton, deasupra cu 1 panseluță întreagă.
c) Umeziți marginile cu ou bătut și acoperiți cu o altă coajă wonton.
d) Gatiti prin fierbere in apa sau supa de legume timp de aproximativ 1 ½ minut.
e) Serviți într-un bol cu bulion de roșii-busuioc.

22. Lasagna de păpădie

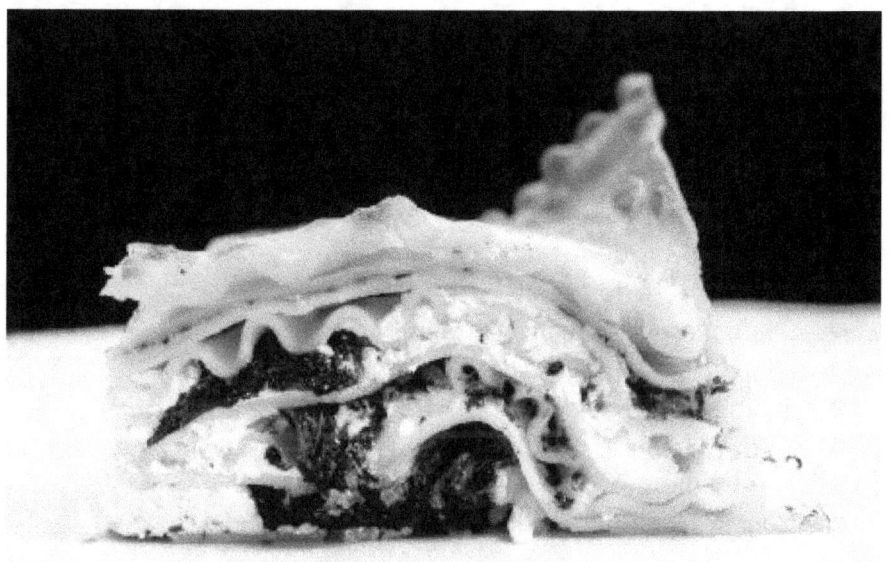

INGREDIENTE:
- 2 litri de apă
- 2 kilograme de frunze de papadie
- 2 catei de usturoi
- 3 linguri patrunjel tocat, impartit
- 1 lingura Busuioc
- 1 lingurita Oregano
- ½ cană germeni de grâu
- 3 cani de sos de rosii
- 6 uncii Pastă de tomate
- 9 fidea lasagna din grâu integral
- 1 lingurita ulei de masline
- 1 kilogram de brânză ricotta
- 1 strop de piper Cayenne
- ½ cană parmezan, ras
- ½ kg brânză Mozzarella, feliată

INSTRUCȚIUNI:
a) Aduceți apa la fiert, adăugați păpădie și fierbeți până se înmoaie. Scoateți păpădia cu o lingură cu șuruburi și rezervați apă.
b) Puneți păpădia într-un blender cu usturoi și 1 lingură de pătrunjel, busuioc și oregano.
c) Amestecați bine, dar aveți grijă să nu se lichefieze.
d) Adaugati germeni de grau, doua cani de sos de rosii si pasta de rosii.
e) Amestecați suficient pentru a amesteca bine și rezervați amestecul.
f) Aduceți din nou apă la fiert. Adăugați lasagna și uleiul de măsline. Gatiti al dente. Scurgeți și rezervați.
g) Amesteca branza ricotta, cayenne si restul de 2 linguri. patrunjel, rezerva.
h) Ungeți ușor cu unt fundul unei tavi de copt de 9 x 13".
i) Poziționați 3 tăiței lasagna unul lângă altul ca prim strat. Acoperiți cu ⅓ din sosul de păpădie, apoi cu jumătate din brânză ricotta.
j) Agitați niște parmezan peste ricotta și acoperiți-o cu un strat de felii de mozzarella. Repeta.
k) Puneti in straturi ultimii 3 taitei lasagna si ultimele ⅓ din sos de papadie. Acoperiți cu restul de parmezan și mozzarella și o cană de sos de roșii.
l) Coaceți la 375 F. timp de 30 de minute.

23. Miel și purslane cu năut

INGREDIENTE:
- 3 linguri ulei de masline
- 1 ceapă, tăiată cubulețe
- 1 lingura coriandru macinat
- ½ lingură chimen măcinat
- 1 kilogram de miel slab, taiat cubulete
- 1 ½ lingură de pastă de tomate
- 30 grame pasta de ardei rosu
- ½ cană linte verde, înmuiată peste noapte
- ¾ cană năut, înmuiat peste noapte
- ½ cană de mazăre cu ochi negri, înmuiată peste noapte
- ½ cană bulgar grosier
- 4 catei de usturoi, tocati
- 4 cani de supa de legume
- 1 kg Purslane, creson sau sfeclă de argint, spălate și tocate grosier
- Sare de mare dupa gust
- 2 lămâi, numai suc
- 4 linguri ulei de masline
- 1 lingurita fulgi de chilli
- 2 lingurite de menta uscata

INSTRUCȚIUNI:
a) Se încălzește uleiul de măsline până se afumă apoi se adaugă ceapa și se călește, până devine auriu.
b) Se adauga coriandru si chimenul si se amesteca scurt cu ceapa pana se parfumeaza apoi se adauga mielul si se caleste la foc iute pana carnea este fiarta pe exterior, aproximativ 5 minute.
c) Adăugați lintea, năutul și mazărea cu ochi negri și fierbeți caserola timp de 25 de minute.
d) Adăugați usturoiul și bulgarul și amestecați bine, adăugând 2 căni de apă apoi continuați să fierbeți timp de aproximativ 20 de minute.
e) Asezonați după gust și adăugați verdeața tocată și amestecați bine pentru a lăsa verdeața să se ofilească, fierbeți încă două minute.
f) Pentru a face uleiul aromat, încălziți uleiul cu fulgii de chili și menta până când uleiul începe să sfârâie.
g) Pentru a servi, împărțiți caserola în feluri de mâncare și stropiți peste aproximativ o lingură de ulei încins.

24. Pește copt în folie cu gălbenele mexicane de mentă

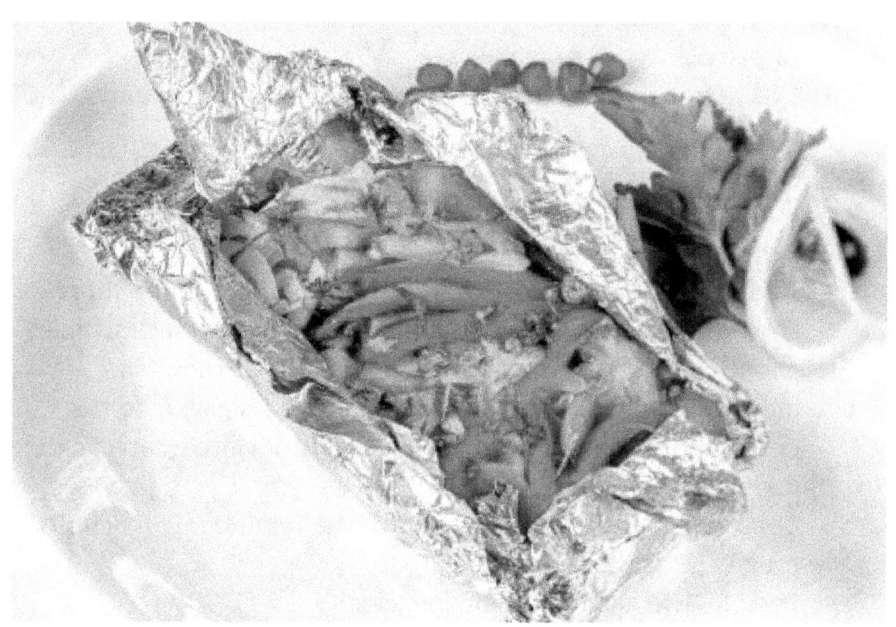

INGREDIENTE:
- 1 kilogram File de pește proaspăt
- Felii subțiri de lămâie
- Unt, după gust
- Sare si piper, dupa gust
- 1 cană frunze de gălbenele de mentă mexicană mărunțite

INSTRUCȚIUNI:
a) Pune file de pește pe o bucată de folie de aluminiu sau pergament uns cu unt.
b) Tăiați fileurile la intervale de 2" și introduceți o felie subțire de lămâie în fiecare tăietură. Ungeți peștele cu unt, sare și piper, apoi stropiți cu frunze de gălbenele cu mentă mexicană.
c) Îndoiți de două ori marginile foliei pentru a sigila, îndoiți pergamentul în jurul peștelui, stil scris, apoi întoarceți capetele dedesubt.
d) Coaceți pachetul pentru cel mult 20 de minute într-un cuptor preîncălzit la 350 F..
e) Peștele este gata când se fulge ușor.

25. Farfalle Cu Legume Si Lavanda

INGREDIENTE:
- ½ kilogram de paste, cum ar fi farfalle, orecchiette sau gemelli
- 2 sau 3 catei de usturoi, feliati subtiri sau zdrobiti
- 2 dovlecei sau dovlecei de vară, tăiați
- 2 morcovi, curățați și tăiați
- 1 ardei gras, fără miez
- 3 linguri ulei de masline extravirgin
- 1 linguriță de flori de lavandă proaspete sau uscate, plus suplimentar pentru decor
- Sare și piper negru proaspăt măcinat

INSTRUCȚIUNI:
a) Aduceți o oală cu apă la fiert și sărați-o. Adauga pastele si gateste pana al dente.
b) Între timp, feliați legumele subțiri, folosind un robot de bucătărie, mandolină sau cuțit.
c) Turnați uleiul de măsline într-o tigaie neîncălzită și adăugați usturoiul.
d) Gatiti usturoiul pana cand incepe sa devina auriu, amestecand din cand in cand.
e) Cand usturoiul devine auriu adaugam legumele. Se presară cu sare și piper și se adaugă lavandă, zdrobind florile în vârful degetelor pentru a le elibera parfumul.
f) Gatiti, amestecand din cand in cand, pana cand legumele abia se inmoaie, doar 5 minute sau cam asa ceva.
g) Să sperăm că pastele vor fi aproape gata, așa cum legumele sunt aproape gata.
h) Scurge pastele, rezervând puțină apă de gătit.
i) Adăugați pastele în legume și continuați să gătiți, adăugând apă după cum este necesar pentru a menține amestecul umed.
j) Când pastele și legumele sunt fragede, dar nu moale, ajustați condimentele pentru sare și piper.
k) Decorați cu câteva flori de lavandă.

26.Paste cu urzici cu parmezan vegan

INGREDIENTE:
- ½ kilogram de paste
- 2,5 uncii frunze și vârfuri de urzici proaspete
- 3 linguri ulei de masline
- 3 catei de usturoi, tocati
- 1 ceapă, tăiată cubulețe
- 1 lingurita patrunjel uscat
- ½ linguriță de cimbru uscat
- ½ lingurita busuioc uscat
- 1/3 cană inimioare de anghinare, tocate
- ½ cană parmezan vegan, ras
- Sare si piper, dupa gust
- Opțional: 1 cană flori de violetă sau flori de muștar cu usturoi

INSTRUCȚIUNI:
a) Aduceți o oală cu apă la fiert, sărați și adăugați pastele. Cu aproximativ 1 minut înainte ca pastele să fie complet fierte, adăugați urzicile în apă.
b) Se incinge uleiul intr-o tigaie, se adauga usturoiul si ceapa si se lasa sa fiarba aproximativ 5 minute. Dacă usturoiul începe să se coloreze repede, reduceți focul. Se amestecă condimentele.
c) Înainte de a scurge tăițeii și urzicile, luați ¼ de cană de apă pentru paste și adăugați în tigaie cu ceapa.
d) Apoi scurgeți pastele și urzicile și adăugați-le în cratiță, împreună cu inimioarele de anghinare care se amestecă. Se reduce focul și se adaugă parmezanul vegan, amestecând din nou, până când brânza se topește și se îmbracă tăițeii.
e) Luați tăițeii de pe foc și ornați-i cu flori comestibile.

27.Legume de iarnă și gnocchi

INGREDIENTE:
- Pachet de 12 uncii de dovleac proaspăt tocat în prealabil
- 8 uncii de ciuperci cremini, tăiate la jumătate
- 1 cana ceapa perla congelata, dezghetata
- 2 linguri ulei de masline extravirgin
- 1½ linguriță sare kosher
- ¼ lingurita piper negru
- Pachet de 16 uncii de gnocchi de cartofi
- 2 linguri de unt sarat, inmuiat
- 2 uncii de brânză Parmigiano-Reggiano, mărunțită, împărțită
- Pătrunjel proaspăt cu frunze plate tocat

INSTRUCȚIUNI:
a) Preîncălziți cuptorul la 450 ° F, lăsând tava în cuptor pe măsură ce se preîncălzește.
b) Amestecați dovleceii, ciupercile, ceapa perla, uleiul de măsline, sare și piper.
c) Turnați amestecul de legume într-o tavă ușor unsă cu unt.
d) Coaceți amestecul de legume pana când dovleacul este fraged și rumenit aproximativ 20 de minute.
e) Pregătiți gnocchi conform instrucțiunilor de pe ambalaj, rezervând 1 cană de apă de gătit.
f) Scoateți amestecul de legume din cuptor. Se amestecă gnocchi și untul înmuiat.
g) Adăugați treptat până la 1 cană de apă de gătit rezervată, câte ¼ de cană o dată, amestecând până când începe să se formeze un sos ușor gros.
h) Se amestecă ¼ de cană de brânză mărunțită.
i) Acoperiți cu ¼ de cană de brânză rămasă.
j) Împărțiți uniform amestecul de legume și găluște în 4 boluri.
k) Se ornează cu pătrunjel tocat, dacă se dorește, și se servește imediat.

SUPE

28.Supă de frunze de borage și iarbă de grâu

INGREDIENTE:
- 1 lingura de unt nesarat
- 125 g ceapa primavara, tocata grosier
- 200 g frunze de borage, mărunțite
- 125 g mazăre proaspătă
- 1 l supa de pui sau legume
- 4 crengute de gradina proaspata min t
- Sare de mare și piper negru
- Ulei de măsline extra virgin

A SERVI:
- 6 linguri de cartofi prajiti cu muguri de usturoi salbatici murati
- 4 ouă de pui poșate moi
- O mână de flori de borage
- O mână de micro-uri de iarbă de grâu
- Câteva mazăre, crudă și proaspăt cu păstaie

INSTRUCȚIUNI:
a) Într-o oală la foc mic, topiți untul și gătiți ușor ceapa primăvară timp de aproximativ cinci minute, sau până când se înmoaie.
b) Adăugați mazărea și fierbeți încă un minut înainte de a adăuga frunzele de borage mărunțite.
c) Se toarnă bulionul și se mărește focul pentru a menține o fierbere blândă.
d) Când bulionul fierbe, adăugați frunzele de mentă și gătiți încă cinci minute sau până când legumele sunt moi, dar aromele sunt încă vibrante.
e) Sare si piper dupa gust, apoi pasa supa in piure intr-un blender pana se omogenizeaza.
f) Serviți imediat cu pâine crosta.

29.Supă de flori de dovleac

INGREDIENTE:
- 6 linguri de unt nesarat
- 2 Cepe, feliate
- 1 lingurita Sare, sau mai mult dupa gust
- ½ linguriță piper negru proaspăt măcinat
- 3 catei de usturoi, taiati felii
- 2 litri de stoc de legume
- 1 kilogram de dovlecel sau alte flori de dovleac
- Jumătate și jumătate
- ½ cană brânză Anejo rasă
- 1 lime, tăiați 6 sau 8 felii

INSTRUCȚIUNI:
a) Într-o oală topește untul la foc moderat.
b) Se caleste ceapa cu sare timp de aproximativ 5 minute.
c) Adăugați usturoiul și gătiți încă 1 până la 2 minute. Se toarnă supa de legume sau apă.
d) Se aduce la fierbere, se reduce la fiert și se fierbe timp de 10 până la 12 minute. Apoi amestecați florile și gătiți încă 5 minute.
e) Se transferă într-un blender sau robot de bucătărie și se pasează până la omogenizare.
f) Cerne printr-o strecurătoare înapoi în oala cu supă.
g) Se toarnă jumătate și se aduce din nou la fierbere.
h) Se asezoneaza dupa gust cu sare si piper.
i) Se serveste fierbinte, ornata cu branza si felii de lime.

30.Supă de cervil Nasturtium

INGREDIENTE:
- 2 litri, apă
- Sare
- 2 căni de cervil proaspăt
- 1 cană frunze de Nasturtium
- 1 cana frunze de nasturel
- 1 kg de cartofi curățați și tăiați în sferturi
- 1 cană smântână grea
- 1 lingura de unt

INSTRUCȚIUNI:
a) Intr-o oala aduceti apa la fiert la foc mare.
b) Adăugați sare, reduceți focul și adăugați cervilul, frunzele de nasturțiu și de nasturel și cartofii.
c) Se fierbe ușor timp de 1 oră.
d) Se face piure supa într-un robot de bucătărie sau blender în mai multe reprize.
e) Chiar înainte de servire, amestecați smântâna și, dacă supa s-a răcit, reîncălziți ușor. Asezati untul in fundul unei pahare si turnati peste el supa fierbinte.
f) Ornați cu frunze de nasturtium, dacă doriți.

31.Bol cu crizantemă asiatică

INGREDIENTE:
- 2 litri bulion de pui
- ¾ lingurita ulei de susan
- 2 lingurite Sare
- 4 uncii fire de fasole fidea celofan
- 1 Cap de varză, mărunțit
- 1 kilogram de spanac, proaspăt
- 2 piept de pui dezosat
- 8 uncii de ficat de pui
- 8 uncii de muschi de porc
- 8 uncii de pește alb ferm
- 8 uncii Creveți
- 1 cană de stridii
- 3 linguri sos de soia
- 2 linguri Sherry
- 2 crizanteme mari

INSTRUCȚIUNI:
a) Tăiați felii toate carnea și legumele într-o manieră chinezească.
b) Aduceți la fiert supa de pui, uleiul și sare într-o oală de servire.
c) Aranjați taiteii și toate ingredientele brute atractiv pe un platou.
d) Adăugați sherry și sos de soia în bulionul care clocotește.
e) Oferiți oaspeților bețișoare și boluri de servire. invitați oaspeții să adauge ingredientele crude în bulion.
f) Lăsați să fiarbă până când peștele și creveții devin opace.
g) Chiar înainte ca oaspeții să se servească din oală, presărați frunze de crizanteme deasupra supei care clocotește.
h) Serviți supa în boluri.

32.Supă de fasole neagră și flori de arpagic s

INGREDIENTE:
- 1 kilogram de fasole neagră uscată
- 1 lingura de unt nesarat
- 1 cana ceapa salbatica tocata marunt
- 3 catei de usturoi, curatati si
- 4 tortilla de porumb
- 1 cană ulei de floarea soarelui
- ½ cană făină de porumb albastră măcinată grosier zdrobită
- 1 lingurita Sare
- ¼ lingurita piper negru
- 10 căni de apă
- Flori de arpagic mov, arpagic tocat și smântână pentru decor

INSTRUCȚIUNI:
a) Înmuiați fasolea peste noapte în apă pentru a le acoperi. A doua zi, scurgeți fasolea.
b) Topiți untul într-o cratiță.
c) Adăugați ceapa sălbatică și căleți până devine translucid, aproximativ 3 minute.
d) Adăugați usturoiul, căliți încă 1 minut și adăugați fasolea scursă, sare, piper și 4 căni de apă.
e) Se aduce la fierbere la foc mare, apoi se reduce focul și se fierbe, acoperit, timp de 30 de minute, amestecând din când în când pentru a nu arde fasolea.
f) Adăugați încă 4 căni de apă și gătiți, descoperit, încă 30 de minute, amestecând din nou din când în când.
g) Adăugați restul de 2 căni de apă și gătiți 20 de minute, până când fasolea este moale, dar încă tare. În timp ce fasolea se gătește, pregătiți chipsurile tortilla.
h) Stivuiți tortilla pe o suprafață de lucru. Cu un cuțit ascuțit, tăiați tortilla rotunde în 3 triunghiuri care se întrepătrund.
i) Încinge uleiul într-o tigaie până este foarte fierbinte, dar nu fumează.
j) Puneți cu grijă fiecare triunghi tortilla în ulei.
k) Lăsați tortillasle să se gătească timp de 30 de secunde și, cu o furculiță, întoarceți tortillale, apoi repetați procesul cu tortillale rămase.
l) Scoateți chipsurile din ulei și înmuiați un colț din fiecare chip în făina de porumb albastră.
m) Se pune pe un prosop de hârtie pentru a se scurge excesul de ulei.
n) Ornați supa cu chipsuri, flori de arpagic mov și arpagic tocat.
o) Se serveste fierbinte cu smantana in lateral.

33.Supa de salata verde nasturtium

INGREDIENTE:
- 1 cos salata verde sau salata romana
- 25 g flori si frunze de nasturtium
- 25 g unt
- 1 baton de telina tocata
- 1 ceapa tocata
- 1 catel de usturoi tocat
- 500 ml supa de legume sau supa de pui
- 1 cartof curatat si tocat
- 100 ml lapte de migdale sau alt lapte la alegere
- Sare si piper dupa gust

INSTRUCȚIUNI:
a) Se toaca salata verde si nasturtium si se lasa deoparte.
b) Topiți untul într-o tigaie și gătiți ceapa și țelina timp de 5 minute apoi adăugați usturoiul și gătiți încă 2 minute.
c) Adăugați salata verde tocată, nasturtiums, cartofii și supa și fierbeți timp de 20 de minute.
d) Se amestecă cu un blender cu bețișoare și se adaugă laptele și condimentele.
e) Se serveste fie cald, fie rece si se orneaza cu flori si petale de nasturtium tocate marunt deasupra.

34.Supă de fenicul cu flori comestibile

INGREDIENTE:
- 2 salote, tocate fin
- 2 catei de usturoi, tocati
- 3 Fenicul, tăiat în sferturi şi tăiat cubuleţe
- 200 de grame de cartofi cu amidon
- 2 linguri ulei de masline
- 800 mililitri de bulion de legume
- 100 de mililitri de frisca
- 2 linguri Creme frage
- 2 centilitri de vermut
- sare
- ardei proaspat macinati
- 2 linguri patrunjel, tocat
- Floare de borage pentru decor

INSTRUCŢIUNI:
a) Tăiaţi mărunt jumătate din frunzele de fenicul şi lăsaţi restul frunzelor deoparte.
b) Curăţaţi şi tăiaţi cartofii.
c) Se încălzeşte uleiul într-o tigaie şi se căleşte şalota şi usturoiul.
d) Se adauga feniculul si se caleste scurt. Adăugaţi bulionul şi cartofii şi aduceţi la fiert.
e) Reduceţi focul la mic şi fierbeţi timp de 20-25 de minute.
f) Puneţi supa în piure, apoi adăugaţi smântâna, creme fraiche, pătrunjelul şi frunzele de fenicul tocate.
g) Adăugaţi vermut, apoi condimentaţi după gust cu sare şi piper.
h) Se toarnă supa în boluri, se ornează cu frunzele de fenicul rămase şi cu borja şi se serveşte.

35. Supă de mazăre verde cu flori de arpagic

INGREDIENTE:
- 1 lingura ulei de masline extravirgin
- 2 felii groase de pâine integrală de secară, tăiate cubulețe
- Sare de mare și piper proaspăt măcinat
- Arpagic proaspăt cu flori pentru decor
- 2 ¾ cani de supa de legume
- 10 uncii de mazăre proaspătă sau congelată
- ¼ de linguriță de pulbere sau pastă de wasabi
- ¾ cană iaurt simplu, plin de grăsimi
- Ulei de finisare pentru burniță

INSTRUCȚIUNI:
a) Încinge uleiul de măsline într-o tigaie.
b) Aruncați cuburile de pâine în ulei, întorcându-le cu cleștele sau cu o spatulă termorezistentă pentru a se prăji pe toate părțile, timp de aproximativ 4 minute. Asezonați cu sare și piper.
c) Transferați pe o farfurie pentru a se răci.
d) Scoateți florile de arpagic din arpagic și tăiați lăstarii verzi.
e) Se încălzește bulionul într-o oală de supă la foc mare până se fierbe. Adăugați mazărea și gătiți până când este verde aprins și doar fiert timp de 8 până la 10 minute.
f) Luați de pe foc și folosiți un blender de imersie sau transferați supa într-un blender în loturi pentru a o procesa până la omogenizare, aproximativ 3 minute.
g) Se adauga wasabi si se condimenteaza cu sare si piper. Adăugați iaurtul și procesați până devine omogen și ușor cremos, 2 până la 3 minute.
h) Întoarceți-vă în oală și țineți cald la foc mic până când sunteți gata de servit.
i) Pune supa în boluri, deasupra cu crutoane și stropește cu ulei de măsline.
j) Se condimentează cu piper și se împrăștie cu generozitate arpagicul tocat și florile lor deasupra. Serviți cald.

36. Vichyssoise cu flori de borage

INGREDIENTE:
- 6 Praz, curățat, blat tăiat
- 4 linguri de unt
- 4 cesti supa de pui sau legume
- 3 cartofi, tăiați cubulețe
- 2 linguri frunze de borage tocate
- 1 cană smântână
- Sare si piper
- Nucșoară

INSTRUCȚIUNI:
a) Tăiați prazul în bucăți subțiri.
b) Se topește untul într-o cratiță, se adaugă prazul și se călește la foc moderat până se înmoaie.
c) Adăugați bulion, cartofi și arpagic.
d) Se aduce la fierbere și se fierbe acoperit timp de 35 de minute sau până când cartofii sunt fragezi. Încordare.
e) Se face piure de legume într-un robot de bucătărie. Combinați piureul și bulionul și răciți.
f) Chiar înainte de servire, amestecați cu smântână.
g) Se condimentează după gust cu sare, piper și nucșoară și se ornează cu flori de borage.

SALATE

37.Salata Curcubeu

INGREDIENTE:
- Pachet de 5 uncii de salată verde
- Pachet de 5 uncii de rucola
- Pachet de 5 uncii de Microgreens
- 1 ridiche de pepene verde tăiată subțire
- 1 ridiche mov feliată subțire
- 1 ridiche verde feliată subțire
- 3 morcovi curcubeu, ras în panglici
- 1/2 cană de mazăre snap feliată
- 1/ 4 cană varză roșie, mărunțită
- 2 eșalote, tăiate în inele
- 2 portocale sanguine, segmentate
- 1/2 cană suc de portocale cu sânge
- 1/ 2 cană ulei de măsline extravirgin
- 1 lingura otet de vin rosu
- 1 lingura oregano uscat
- 1 lingura miere
- Sare si piper, dupa gust
- pentru garnitura Flori Comestibile

INSTRUCȚIUNI:
a) Amestecați uleiul de măsline, oțetul de vin roșu și oregano într-un recipient. Adaugam salota si lasam la marinat cel putin 2 ore pe blat.
b) Pune șalota deoparte.
c) Într-un borcan, amestecați sucul de portocale, uleiul de măsline, mierea și un strop de sare și piper până se densează și omogenizează. Se condimenteaza cu sare si piper dupa gust.
d) Aruncați microverde, salata verde și rucola cu aproximativ ¼ de cană de vinegretă într-un castron foarte mixt.
e) Se amestecă jumătate din ridichi, morcovi, mazăre, eșalotă și segmente de portocale.
f) Asamblați totul într-un model colorat.
g) Adăugați vinaigretă suplimentară și flori comestibile pentru a termina.

38.Microverde și salată de mazăre de zăpadă

INGREDIENTE:
VINIGRETĂ
- 1 ½ cană de căpșuni tăiate cubulețe
- 2 linguri otet balsamic alb
- 1 lingurita sirop de artar pur
- 2 lingurite suc de lamaie
- 3 linguri ulei de masline

SALATĂ
- 6 uncii de verdeață micro și/sau verdeață de salată
- 12 mazăre de zăpadă, feliată subțire
- 2 ridichi, feliate subțiri
- Căpșuni tăiate în jumătate, flori comestibile și crenguțe de ierburi proaspete, pentru decor

INSTRUCȚIUNI:
a) Pentru a face vinegreta, amestecați capsunile, oțetul și siropul de arțar într-un vas de amestecare. Se strecoară lichidul și se adaugă sucul de lămâie și uleiul.
b) Asezonați cu sare și piper.
c) Pentru a face salata, combinați microverde, mazăre de zăpadă, ridichi, căpșuni păstrate și ¼ de cană de vinegretă într-un castron.
d) Adăugați căpșuni tăiate în jumătate, flori comestibile și crenguțe de ierburi proaspete ca garnitură.

39. Nasturtium Si Salata De Struguri

INGREDIENTE:
- 1 Cap de salata rosie
- 1 cană struguri fără seminţe
- 8 frunze de nasturtium
- 16 flori de nasturtium

VINIGRETĂ:
- 3 linguri ulei de salata
- 1 lingura otet de vin alb
- 1½ linguriță de muștar de Dijon
- 1 praf de piper negru

INSTRUCȚIUNI:
a) Pe fiecare dintre cele patru farfurii, aranjați 5 frunze de salată roșie, ¼ de cană de struguri, 2 frunze de nasturțium și 4 flori de nasturțium.
b) Se amestecă toate ingredientele pentru vinaigretă într-un castron.
c) Stropiți în mod egal dressingul peste fiecare salată.
d) Serviți imediat.

40.Salată de vară cu tofu și flori comestibile

INGREDIENTE:
PENTRU SALATA DE VARĂ:
- 2 capete de salată verde
- 1 kg Salată de miel
- 2 kiwi aurii folosesc verde dacă auriu nu este disponibil
- Opțional 1 mână de flori comestibile - am folosit primula din grădina mea
- 1 mână de nuci
- 2 lingurite de seminte de floarea soarelui optional
- 1 lămâie

PENTRU TOFU FETA:
- 1 bloc de tofu am folosit extra ferm
- 2 linguri otet de mere
- 2 linguri suc proaspăt de lămâie
- 2 linguri praf de usturoi
- 2 linguri praf de ceapa
- 1 lingurita marar proaspat sau uscat
- 1 praf sare

INSTRUCȚIUNI:
a) Într-un castron tăiați tofu extra ferm în cuburi, adăugați toate celelalte ingrediente și pasați cu o furculiță.
b) Se pune intr-un recipient sigilat si se tine la frigider pentru cateva ore.
c) Pentru a servi, aranjați frunzele mai mari pe fundul castronului mare: salată verde și salată de miel deasupra.
d) Taiati kiwi-urile si asezati-le deasupra frunzelor de salata verde.
e) Presă în bol niște nuci și semințe de floarea soarelui.
f) Alegeți și cu grijă florile dumneavoastră comestibile. Așezați-le delicat în jurul salatei.
g) Scoateți feta de tofu din frigider, în acest moment ar trebui să puteți să o tăiați/să o fărâmiți. Pune niște bucăți mari de jur împrejur.
h) Strângeți o jumătate de lămâie peste tot și aduceți cealaltă jumătate la masă pentru a adăuga puțin.

41.de cartofi si nasturtium

INGREDIENTE:
- 6 cartofi noi, de mărime egală
- 1 lingură sare de mare
- 3 cani de muguri de nasturtium, foarte fragezi
- Frunze și tulpini tinere, împachetate lejer
- ½ cană murături de mărar tocate
- 2 linguri Muguri de nasturtium sau capere murate
- 1 cățel de usturoi, tocat
- 5 linguri ulei de măsline extravirgin
- ¼ cană oțet de vin roșu
- Piper negru proaspăt măcinat, după gust
- 2 linguri patrunjel italian, tocat
- 1 mana petale de nasturtium
- 1 floare și frunze de Nasturtium întregi, pentru decor

INSTRUCȚIUNI:
a) Puneți cartofii în tigaie și acoperiți cu apă aproximativ 2 inci împreună cu 1 lingură de sare de mare. Acoperiți și aduceți la fierbere.
b) Descoperiți tigaia și gătiți la foc mic timp de aproximativ 20 de minute sau până când cartofii sunt doar fragezi.
c) Scurgeți cartofii și lăsați să se răcească.
d) Când se răcesc suficient pentru a fi manipulați, curățați cartofii și tăiați-i cubulețe.
e) Transferați cartofii într-un bol.
f) Tăiați frunzele de nasturțiu și tulpinile fragede și adăugați-le în bol împreună cu murături de mărar, muguri de nasturțiu și usturoi.
g) Adăugați ulei de măsline, oțet, sare și piper după gust.
h) Se amestecă ușor, având grijă să nu zdrobească cartofii.
i) Puneți salata de cartofi pe o farfurie de servire de modă veche și presărați deasupra pătrunjel tocat.
j) Tăiați petalele fâșii și presărați peste salată. Se ornează cu flori și frunze întregi.

42. Salata De Papadie Si Chorizo

INGREDIENTE:
- Un bol de salată cu frunze tinere de păpădie
- 2 felii Pâine, feliată
- 4 linguri ulei de masline
- 150 de grame de Chorizo, feliate groase
- 2 catei de usturoi, tocati
- 1 lingura otet de vin rosu
- Sare si piper

INSTRUCȚIUNI:
a) Culegeți peste frunzele de păpădie, clătiți și uscați într-un prosop curat. Pune într-un castron de servire.
b) Tăiați crusta de pe pâine și tăiați-o în cuburi. Încinge jumătate din uleiul de măsline într-o tigaie.
c) Prăjiți crutoanele la foc moderat, întorcându-le des, până se rumenesc destul de uniform.
d) Scurgeți pe hârtie de bucătărie. Ștergeți tigaia și adăugați uleiul rămas. Prăjiți chorizo-ul sau lardonele la foc mare până se rumenesc.
e) Adăugați usturoiul și prăjiți încă câteva secunde, apoi trageți de pe foc. Scoateți chorizo-ul cu o lingură cu fantă și împrăștiați-l peste salată.
f) Lasam tigaia sa se raceasca un minut, amestecam otetul si turnam totul peste salata.
g) Se presara peste crutoane, se asezoneaza cu sare si piper, se amesteca si se serveste.

43. Borraj și castraveți în sos de smântână

INGREDIENTE:
- 3 castraveți lungi
- Sare
- ½ gal de smântână
- 2 linguri otet de orez
- ½ linguriță de semințe de țelină
- ¼ cană de ceai verde tocat
- 1 lingurita zahar
- Sare si piper
- ¼ cană frunze tinere de borage, tăiate mărunt

INSTRUCȚIUNI:
a) Spălați, tăiați miezul și tăiați castraveții în felii subțiri.
b) Sarați ușor și lăsați să stea într-o strecurătoare timp de 30 de minute pentru a se scurge. Clătiți și uscați.
c) Amestecați ingredientele rămase, condimentând după gust cu sare și piper.
d) Adăugați castraveții și amestecați ușor.
e) Decorați cu flori de borage sau flori de arpagic.

44.Varză roșie cu crizantemă s

INGREDIENTE:
- 1 varză roșie, fără miez și subțire
- ¼ cană unt
- 1 ceapă, tăiată rondele
- 2 mere mari, decojite, fără miez, feliate subțiri
- 2 linguri Petale galbene de crizantemă
- 2 linguri zahăr brun
- Apă rece
- 4 linguri otet de vin rosu
- Sare de mare
- Piper
- Unt
- Petale proaspete de crizantemă

INSTRUCȚIUNI:
a) Se fierbe varza rosie in apa clocotita timp de 1 minut.
b) Scurgeți, împrospătați și lăsați deoparte. Se incinge untul intr-o tigaie, se pun rondele de ceapa si se transpira 4 minute, pana se inmoaie.
c) Amestecați feliile de mere și gătiți încă 1 minut.
d) Puneți varza într-o caserolă adâncă ignifugă, cu un capac bine fixat.
e) Amestecați ceapa, merele și petalele de crizanteme și întoarceți toate ingredientele astfel încât să fie bine acoperite cu unt.
f) Se presara peste zahar si se toarna apa si otetul. Asezonați ușor.
g) Gătiți la foc mic sau la cuptor la 325F/170/gaz 3 timp de 1½ - 2 ore, până când varza este moale.
h) Chiar înainte de servire, adăugați un nod bun de unt și câteva petale proaspete de crizantemă.

45.Salata de sparanghel

INGREDIENTE:
SALATA DE SPARANGEL
- 1 buchet sparanghel
- 5 ridichi, feliate subțiri
- 3 cepe verzi, numai blaturi verzi feliate
- coaja de lamaie de la o lamaie

VINIGRETĂ DE LAMAIE
- ¼ cană suc de lămâie
- 2 linguri ulei de măsline ușor
- 2 lingurite de zahar
- sare si piper dupa gust

GARNITURĂ
- Felii de lamaie
- panseluțe galbene organice

INSTRUCȚIUNI:
a) Începeți să fierbeți apa pentru a abur sparanghelul.
b) Pregătiți un castron cu apă cu gheață pentru a șoca sparanghelul odată ce este fiert.
c) Se fierbe sparanghelul la abur timp de 5 minute sau până când este fraged, dar încă crocant.
d) Socati sparanghelul in apa cu gheata si apoi taiati sparanghelul in bucati de 2 inchi.

VINIGRETĂ DE LAMAIE
e) Se amestecă sucul de lămâie și zahărul și se lasă să stea până se dizolvă zahărul.
f) Se adauga uleiul si se condimenteaza cu sare si piper dupa gust.

SALATA DE SPARANGEL
g) Dacă aveți timp, marinați sparanghelul în dressing timp de 30 de minute.
h) Se adauga ridichile si ceapa si se amesteca.
i) Se ornează cu felii de lămâie și panseluțe proaspete și se servește imediat.

46.Salată de panseluțe

INGREDIENTE:

- 6 căni de rucola pentru copii
- 1 mar, feliat foarte subtire
- 1 morcov
- ¼ ceapă roșie, feliată foarte subțire
- o mână de ierburi proaspete asortate, cum ar fi busuioc, oregano, cimbru, doar frunze
- 2 uncii de brânză de capră cremoasă, folosiți fistic zdrobit pentru vegan
- panseluțe, tulpina îndepărtată

VINIGRETĂ

- ¼ cană portocală sanguină
- 3 linguri ulei de masline
- 3 linguri otet de sampanie
- praf sare

INSTRUCȚIUNI:

a) Amestecă vinegreta, ajustând oricare dintre ingrediente după gustul tău.
b) Puneți verdețurile într-un castron larg de salată.
c) Curățați morcovul și radeți-l în fâșii subțiri folosind un curățător de legume.
d) Adăugați la verdeață împreună cu feliile de mere, ceapa și ierburile.
e) Se amestecă cu dressingul și se ornează salata cu crumble de brânză de capră și panseluțe.
f) Serviți imediat.

47.Salată verde cu flori comestibile

INGREDIENTE:
- 1 lingurita otet de vin rosu
- 1 lingurita mustar de Dijon
- 3 linguri ulei de măsline extravirgin
- Sare grunjoasă și piper proaspăt măcinat
- 5 ½ uncii de verdeață fragedă de salată pentru copii
- 1 pachet de viole nepulverizate sau alte flori comestibile

INSTRUCȚIUNI:
a) Combinați oțetul și muștarul într-un castron.
b) Se amestecă treptat uleiul, apoi se condimentează cu sare și piper.
c) Aruncați dressingul cu verdeață și deasupra cu flori. Serviți imediat.

CONDIMENTE SI GARNITURILE

48.Pesto de nasturtium

INGREDIENTE:
- 50 de frunze de nasturtium
- ¼ cană fistic, prăjit
- ½ cană ulei de măsline
- ½ cană parmezan
- 1 praf de ardei rosu r
- sare si piper dupa gust

INSTRUCȚIUNI:
a) Spălați frunzele de nasturțiu și scuturați-le uscate.
b) Umpleți robotul de bucătărie până la ¾ din drum, lejer, cu frunze.
c) Se amestecă până sunt tocate. Adăugați mai multe frunze și amestecați.
d) Continuați acest lucru până când toate frunzele sunt amestecate.
e) Adăugați fisticul și amestecați până se toacă mărunt.
f) Adăugați brânza, ardeiul roșu și jumătate din ulei. Amestec.
g) Adăugați mai mult ulei până ajunge la consistența dorită.

49.Dulceata de lavanda de capsuni

INGREDIENTE:
- 1 kilogram de căpșuni
- 1 kilogram de zahăr
- 24 tulpini de lavandă
- 2 Lămâi, suc de

INSTRUCȚIUNI:
a) Spălați, uscați și curățați căpșunile.
b) Puneți-le într-un castron cu zahăr și 1 duzină de tulpini de lavandă și puneți-le într-un loc răcoros peste noapte.
c) Aruncați lavanda și puneți amestecul de fructe de pădure într-o cratiță fără aluminiu.
d) Leagă tulpinile de lavandă rămase împreună și adaugă-le la fructe de pădure.
e) Adăugați sucul de lămâie.
f) Se fierbe până la fierbere, apoi se fierbe timp de 25 de minute.
g) Îndepărtați orice spumă de sus. Aruncați lavanda și turnați dulceața în borcane sterilizate. Sigiliu.

50. Sirop de caprifoi

INGREDIENTE:
- 4 kilograme Petale proaspete de caprifoi
- 8 halbe de apă clocotită
- Zahăr

INSTRUCȚIUNI:
a) Infuzați petalele în apă timp de 12 ore.
b) Dați deoparte câteva ore.
c) Se decantează și se adaugă de două ori greutatea zahărului și se face un sirop.

51.Violet Miere

INGREDIENTE:
- ½ cană de flori de violetă, fără pesticide, fără tulpini
- ½ cană Miere

INSTRUCȚIUNI:
a) Clătiți violetele într-un castron cu apă rece și uscați-le ușor într-o centrifuga de salată.
b) Într-o tigaie sau o ceașcă potrivită pentru cuptorul cu microunde, încălziți mierea până la fierbere.
c) Luați mierea de pe foc și amestecați violetele.
d) Acoperiți și lăsați violetele la infuzat timp de 24 de ore.
e) A doua zi, reîncălziți mierea cu violete până când curge.
f) Se toarnă mierea printr-o strecurătoare fină întredeschisă și se aruncă violetele.
g) Acoperiți borcanul și păstrați mierea cu aromă de violetă într-un loc răcoros și întunecat.
h) Utilizați în decurs de o săptămână.

52. Garnitură de flori pentru brânză

INGREDIENTE:
- Flori sau ierburi comestibile spălate
- Brânză uscată
- 2 cani de vin alb sec
- 1 plic de gelatină nearomatizată

INSTRUCȚIUNI:
a) Așezați florile și ierburile plate deasupra brânzei într-un design care vă place.
b) Apoi îndepărtați florile și ierburile și puneți-le deoparte în model.
c) Într-o tigaie, combinați vinul alb și gelatina.
d) Se amestecă până când gelatina este complet dizolvată și amestecul este limpede.
e) Luați de pe foc și puneți cratita într-un recipient mai mare umplut cu gheață.
f) Continuați să amestecați pe măsură ce se îngroașă.
g) Puneți brânza pe un suport peste un vas pentru a prinde picuraturile din glazură.
h) Se pune gelatina peste branza si se intinde uniform.
i) Se da la frigider pentru 15 minute, apoi se scoate din frigider si se mai pune cu lingura glazura peste flori.
j) Serviți cu biscuiți.

53. Violete confiate

INGREDIENTE:
- ½ cană - apă
- 1 cană de zahăr, granulat
- Extract de migdale sau apă de trandafiri
- Violete proaspete sau
- Petale de trandafiri proaspete

INSTRUCȚIUNI:
a) Acestea sunt decoratiuni pentru deserturi.
b) Faceți siropul amestecând apa în zahăr într-o tigaie.
c) Se fierbe până se îngroașă ușor.
d) Se amestecă extractul de migdale după gust. Lasam siropul sa se raceasca putin.
e) Puneți violetele, câte câteva în sirop.
f) Asigurați-vă că sunt complet acoperite.
g) Scoateți din sirop și puneți pe hârtie ceară să se usuce.
h) Dacă siropul se întărește, reîncălziți, adăugând puțină apă.

54.Crizantema prăjită Ceapa

INGREDIENTE:
- 16 Cepe galbene
- 1 lingurita zahar
- ¼ cană supă de pui
- 3 linguri de unt nesarat

INSTRUCȚIUNI:
a) Preîncălziți cuptorul la 450 de grade F.
b) Cu un cuțit ascuțit tăiați capătul rădăcinii fiecărei cepe, astfel încât să fie încă intact, dar să stea pe capăt.
c) Stând fiecare ceapă pe capătul rădăcinii, tăiați felii verticale paralele la intervale de ¼ inch, dar nu prin ceapă, oprindu-se la aproximativ ¾ inch deasupra capătului rădăcinii.
d) Rotiți fiecare ceapă cu 90 de grade și tăiați felii verticale paralele în același mod pentru a forma un model de hașura încrucișată, păstrând ceapa intactă.
e) Într-un vas de copt puțin adânc uns ușor cu unt, suficient pentru a lăsa ceapa să se deschidă, sau „înflorește", puneți ceapa și capetele rădăcinii în jos și stropiți cu zahăr și sare după gust.
f) Într-o tigaie se încălzește bulionul și untul la foc moderat până se topește untul și se toarnă peste ceapă.
g) Acoperiți ceapa cu folie și prăjiți în mijlocul cuptorului timp de 45 de minute, sau până când se înmoaie.
h) Îndepărtați folia și prăjiți ceapa, unturând ocazional, pentru încă 30 până la 45 de minute sau până când devine aurie.
i) Ceapa poate fi făcută cu 1 zi înainte și răcită, acoperită. Reîncălziți ceapa înainte de servire.

55.Petale de trandafir confiate

INGREDIENTE:
- 2 trandafiri
- 1 albus de ou
- 1 lingurita apa
- 1 cană de zahăr

INSTRUCȚIUNI:
a) Așezați petalele de trandafir pe o foaie de copt tapetată cu hârtie de copt.
b) Adăugați 1 linguriță de apă la 1 albuș de ou și amestecați bine.
c) Folosind o pensulă de patiserie, acoperiți ușor petalele de trandafir cu spălarea ouălor și stropiți imediat cu zahăr.
d) Puneți înapoi pe hârtie de pergament pentru ca petalele de trandafir să se usuce complet peste noapte.
e) Petalele de trandafir se vor întări peste noapte și pot fi păstrate și utilizate în siguranță timp de până la 3 săptămâni.

56. Miere infuzată cu flori de liliac

INGREDIENTE:
- 2 căni de flori proaspete de liliac cu tulpini verzi îndepărtate
- 1 ½ cană de miere crudă, eventual un pic mai mult

INSTRUCȚIUNI:
a) Tăiați florile de liliac de pe tulpină cu foarfecele și puneți-le într-un borcan de zidărie de mărimea unei halbe.
b) Odată ce borcanul este plin cu flori de liliac, turnați miere crudă pentru a acoperi complet florile.
c) Lăsați mierea să se așeze puțin în borcan, apoi completați borcanul cu mai multă miere pentru a acoperi florile.
d) După un pic, florile de liliac vor pluti inevitabil în vârful mierii și asta e ok.
e) Închideți borcanul și lăsați mierea să se infuzeze cel puțin câteva zile și până la câteva săptămâni înainte de utilizare, amestecând florile cât de des vă gândiți.
f) Când sunteți gata să utilizați mierea, puteți scoate cu ușurință masa de flori din partea de sus a borcanului cu o lingură.

57. Sos de măceșe și coacăze

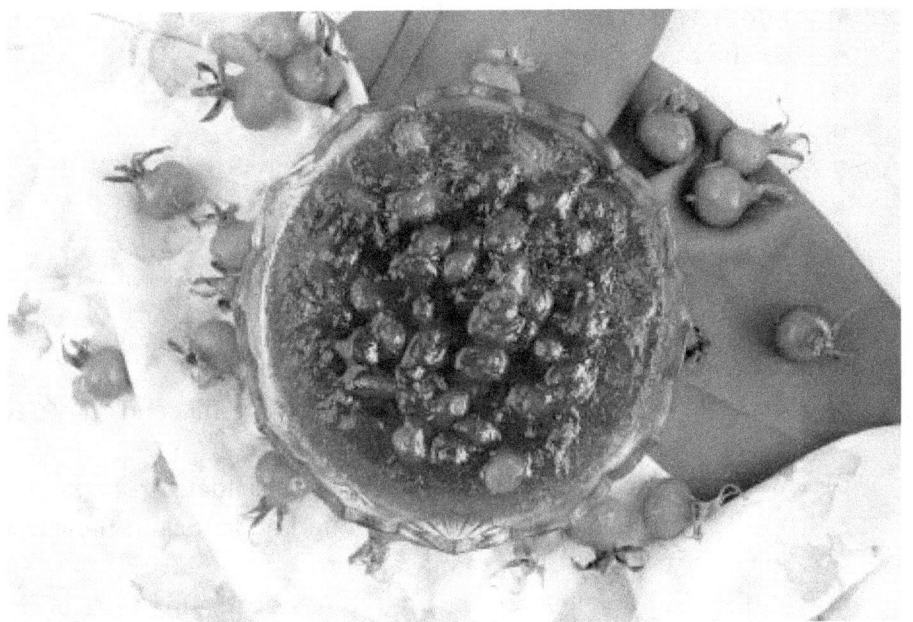

INGREDIENTE:
- 1½ cană apă
- 3 uncii de măceșe
- ½ cană zahăr brun
- 1 baton de scortisoara
- 3 pliculete de ceai Hibiscus
- 1 cană jeleu de coacăze, roșu sau negru
- 1 lingura suc de lamaie
- 1½ linguriță de unt
- ½ linguriță Făină

INSTRUCȚIUNI:
a) Fierbeți apa, scorțișoara și ceaiul de plante până când apa se reduce la o cană.
b) Îndepărtați scorțișoara și ceaiul de plante și adăugați zahărul brun, sucul de lămâie și măceșele și fierbeți la foc mic până când apa ajunge chiar deasupra măceșelor.
c) Apoi, adăugați jeleul de coacăze și amestecați până se dizolvă totul, continuați să fiarbă timp de cinci minute, amestecând tot timpul și urmărind cu atenție dacă ar fi ars.
d) Se amestecă bine untul și făina și se amestecă în amestecul de jeleu de coacăze până se îngroașă.
e) Luați amestecul de pe foc, este gata de utilizare.

BĂUTURI

58.Smoothie Castron Matcha și Nasturtiums

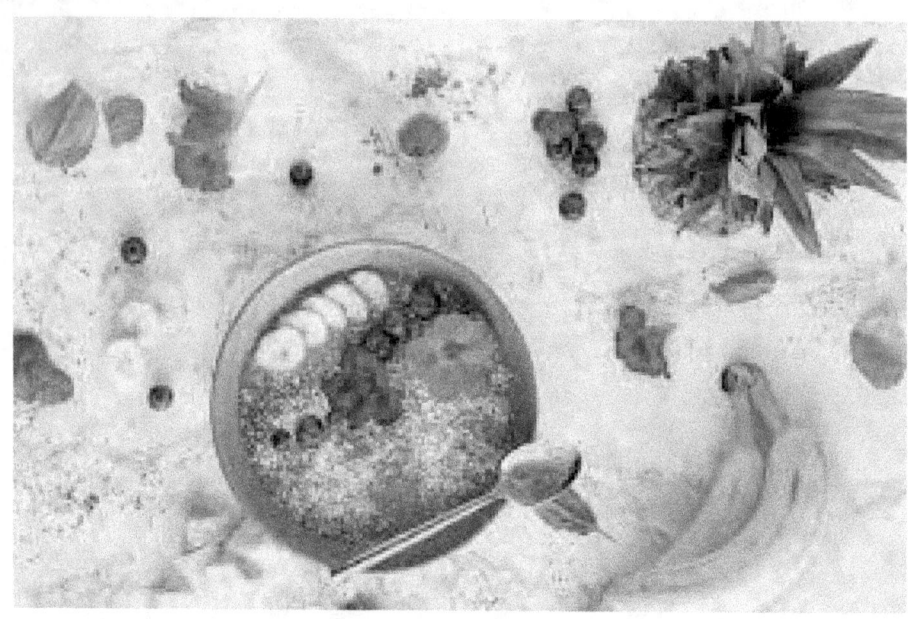

INGREDIENTE:
- 1 cană spanac
- 1 banana congelata
- ½ cană de ananas
- ½ linguriță pudră matcha de înaltă calitate
- ½ linguriță extract de vanilie
- 1/3 cana lapte de migdale neindulcit

TOPING
- semințe chia
- Nasturtium

INSTRUCȚIUNI:
a) Pune toate ingredientele pentru smoothie într-un blender. Pulsați până când este omogen și cremos.
b) Turnați smoothie-ul într-un bol.
c) Stropiți cu toppinguri și mâncați imediat.

59.Apa de lavandă de afine

INGREDIENTE:
- ½ cană de afine
- 4 căni de apă
- Flori comestibile de lavandă

INSTRUCȚIUNI:
a) Pune ingredientele într-un ulcior.
b) Apoi, dați apa la rece pentru cel puțin o jumătate de oră.
c) Se strecoară și se toarnă peste cuburile de gheață înainte de a le servi.

60. Smoothie Castron cu piersici

INGREDIENTE:
- 2 cani de piersici, congelate
- 1 banana, congelata
- 1½ cani de lapte de migdale vanilat neindulcit
- 1 lingura de seminte de canepa
- Fructe de padure amestecate
- flori comestibile
- felii de piersici proaspete
- felii proaspete de ananas

INSTRUCȚIUNI:
a) Adăugați toate ingredientele, cu excepția florilor comestibile, a feliilor de piersici proaspete și a feliilor proaspete de ananas într-o cană de blender și amestecați până la omogenizare, având grijă să nu amestecați prea mult.
b) Acoperiți cu flori comestibile, felii proaspete de piersici, felii proaspete de ananas sau orice alte toppinguri la alegere.

61. Chefir dulce cu lapte de lavandă

INGREDIENTE:
- 4 căni de chefir de lapte.
- 2 linguri capete de flori de lavandă uscate.
- Zahăr organic din trestie de zahăr sau stevie

INSTRUCȚIUNI:
a) Faceți chefir tradițional de lapte, lăsând chefirul să fermenteze la temperatura camerei timp de 24 de ore.
b) Strecurați boabele de chefir și mutați-le în lapte proaspăt.
c) Se amestecă capetele de flori de lavandă în chefirul de lapte. Nu adăugați capetele de flori în timp ce boabele de chefir sunt încă în chefir.
d) Puneți capacul pe chefir și lăsați-l să stea la temperatura camerei peste noapte. Al doilea ferment ar trebui să dureze 12 până la 24 de ore.
e) Strecurați chefirul pentru a scăpa de capetele florilor.
f) Adăugați zahăr din trestie de zahăr sau stevia. Se amestecă îndulcitorul în chefir.

62.Ceai vindecător de caprifoi

INGREDIENTE:
- 4 căni de apă
- 2 căni de flori proaspete de caprifoi
- 1 lingurita miere

INSTRUCȚIUNI:
a) Pentru a face ceai de caprifoi, colectați florile de caprifoi deschise, smulgendu-le de la bază, astfel încât nectarul să fie reținut.
b) Pune o mână de flori într-un borcan de zidărie.
c) Aduceți 4 căni de apă la fiert, apoi luați de pe foc și așteptați 2 minute.
d) Turnați apa fierbinte peste florile din borcan.
e) Lăsați amestecul să se răcească la temperatura camerei pe măsură ce se înmuie.
f) Serviți peste cuburi de gheață și păstrați ceaiul rămas la frigider.

63. Ceai de crizantemă și flori de soc

INGREDIENTE:
- 1/2 linguri de flori de crizantemă
- 1/2 linguri de flori de soc
- 1/2 linguri de mentă
- 1/2 linguri frunze de urzică

INSTRUCȚIUNI:
a) Puneți toate ingredientele într-un ceainic, acoperiți cu 10 fl uncii de apă clocotită, lăsați să se infuzeze și serviți.
b) Se beau 4 căni pe zi în timpul sezonului febrei fânului.

64.Ceai de musetel si fenicul

INGREDIENTE:
- 1 lingurita flori de musetel
- 1 lingurita de seminte de fenicul
- 1 linguriță dulci de luncă
- 1 lingurita radacina de marshmallow, tocata marunt
- 1 linguriță de șoricel

INSTRUCȚIUNI:
a) Pune ierburile într-un ceainic.
b) Se fierbe apa si se adauga in ceainic.
c) Se lasă la infuzat 5 minute și se servește.
d) Se bea 1 cană de infuzie de 3 ori pe zi.

65.Ceai de Păpădie și Brusture

INGREDIENTE:

- 1 lingurita frunze de papadie
- 1 lingurita frunze de brusture
- 1 lingurita de iarba satareasca
- 1 lingurita flori de trifoi rosu

INSTRUCȚIUNI:

a) Pune toate ingredientele într-un ceainic, se toarnă în apă clocotită, se lasă la infuzat timp de 15 minute și se servește.
b) Bea cald sau rece pe tot parcursul zilei.

66.Ceai de șoricel și gălbenele

INGREDIENTE:
- 1 linguriță de șoricel
- 1 lingurita flori de galbenele
- 1 lingurita mantaua dama
- 1 linguriță de verbena
- 1 lingurita frunza de zmeura

INSTRUCȚIUNI:
a) Pune toate ingredientele într-un ceainic, se toarnă în apă clocotită, se lasă la infuzat timp de 15 minute și se servește.
b) Bea cald sau rece pe tot parcursul zilei.

67. Ceai de calotă și flori de portocal

INGREDIENTE:
- 1 lingurita calota
- 1 lingurita flori de portocal
- 1 lingurita sunatoare
- 1 lingurita betonie de lemn
- 1 lingurita balsam de lamaie

INSTRUCȚIUNI:
a) Pune toate ingredientele într-un ceainic, se toarnă în apă clocotită, se lasă la infuzat timp de 15 minute și se servește.
b) Bea cald sau rece pe tot parcursul zilei.

68.Ceai de ingrijire la rece din flori de galbenele

INGREDIENTE:
- Ciupiți florile de Calendula
- Ciupiți frunzele de salvie
- Ciupiți florile de hibiscus
- Ciupiți florile de soc
- 2 căni de apă, fiartă
- Miere

INSTRUCȚIUNI:
a) Puneți gălbenele, salvie, hibiscus și flori de soc într-un borcan de sticlă.
b) Adăugați apă fiartă în borcan.
c) Închideți cu un capac și lăsați la macerat timp de 10 minute.
d) Adăugați miere.

69.Flori Coltsfoot Ceai

INGREDIENTE:
- 2 părți măceșe
- 1 parte balsam de lamaie
- 2 căni de apă
- Rădăcină de marshmallow dintr-o parte
- Mullein dintr-o parte
- Flori din 1 parte Coltsfoot
- rădăcină Osha dintr-o parte

INSTRUCȚIUNI:
a) Adăugați apă într-o oală.
b) Adăugați marshmallow și rădăcinile de osha.
c) Se aduce la fierbere timp de 10 minute
d) Adăugați ingredientele rămase.
e) Lăsați-o la infuzat încă 7 minute.
f) Încordare.

70. Ceai verde de trandafiri

INGREDIENTE:
- 2 căni de apă
- 1 plic de ceai verde
- 2 vârfuri de cayenne
- 1 lămâie organică, storsă
- 2 linguri de măceșe organice _ _
- 2 lingurite sirop de artar

INSTRUCȚIUNI:
a) Fierbe apa.
b) Adăugați o pliculețe de ceai și măceșe într-o ceașcă.
c) Acoperiți cu apă clocotită.
d) Lăsați-l la infuzat timp de 10 minute.
e) Stoarceți lămâia și sucul în ceașcă.
f) Amestecați siropul de arțar.
g) Adăugați pudră de cayenne.

71. Ceai de sprijin imunitar de echinaceea

INGREDIENTE:
- ¼ cană echinaceea
- ¼ cană fructe de soc
- ¼ cană astragalus
- ¼ cană măceșe
- ¼ cană de mușețel

INSTRUCȚIUNI:
a) Se amestecă totul și se păstrează într-un borcan de sticlă.
b) Folosiți 2 lingurițe pe cană de apă fierbinte.
c) Lăsați-l la infuzat timp de 10 minute.

72.Ceai tonic cu flori de trifoi roşu

INGREDIENTE:
- 4 părți frunze de urzică
- 3 părți frunze de mentă
- 2 părți frunze de mullein
- Rădăcină de ghimbir dintr-o parte
- 2 părți frunză și rădăcină de păpădie
- 3 părți balsam de lămâie
- 2 părți flori de trifoi roșu
- Măceș din 1 parte

INSTRUCȚIUNI:
a) Combinați toate ingredientele uscate.
b) Fierbeți 4 căni de apă și turnați apa fierbinte peste amestecul de ceai.
c) Se lasă să se infuzeze timp de 15 minute și se strecoară ierburile.

73.Ceai Negru Rosy

INGREDIENTE:
- 2 părți petale de trandafir
- Ceai negru dintr-o parte

INSTRUCȚIUNI:
a) Combinați ingredientele într-un borcan.
b) Pune o lingurita de ceai intr-o strecuratoare.
c) Se toarnă opt uncii de apă clocotită peste ceai.
d) Lăsați-l la infuzat timp de 5 minute.

74.Ceai vindecător de caprifoi

INGREDIENTE:
- 4 căni de apă filtrată
- 1 lingurita miere
- 2 căni de flori proaspete de caprifoi

INSTRUCȚIUNI:
a) Pune florile într-un borcan de zidărie.
b) Aduceți apa la punctul de fierbere, apoi răciți timp de 2 minute.
c) Turnați apa fierbinte peste florile din borcan.
d) Se înmoaie câteva minute.
e) Serviți peste cuburi de gheață.

75.A inflori Tisane

INGREDIENTE:
- 10 flori proaspete de mușețel
- 20 de muguri dintr-o floare de lavandă
- 10 flori proaspete

INSTRUCȚIUNI:
a) Pune florile într-o oală.
b) Se toarnă 1 cană de apă fierbinte peste flori.
c) Înmuiați timp de 4 minute.
d) Se strecoară într-o cană.

76.Ceai de crizantemă cu Goji

INGREDIENTE:
- 4 căni de apă clocotită
- 1 T a b le s poon Flori de crizantemă
- 1 T a b le s poon boabe de goji
- 4 curmale roșii fără sâmburi
- Miere

INSTRUCȚIUNI:
a) Adăugați florile de crizantemă, curmalele și boabele de goji într-o oală.
b) Adăugați 4 căni de apă fierbinte.
c) Lăsați-l la infuzat timp de 10 minute.
d) Se strecoară și se adaugă miere.

77.Ceai de flori de papadie

INGREDIENTE:
- ¼ cană floare de păpădie s
- 500 ml apă clocotită
- ½ lingurita miere
- Suc de lămâie

INSTRUCȚIUNI:
a) Pune vârfurile de flori de păpădie într-un ceainic.
b) Se fierbe apa si se toarna apa fierbinte peste florile de papadie.
c) Se lasa la infuzat 5 minute.
d) Strecurați florile.
e) Adăugați miere și lămâie .

78.Ceai Lapte cu flori de mazăre fluture

INGREDIENTE:
- 1 lingurita ceai de flori de mazare albastra
- 8 uncii de apă
- ½ cană lapte
- 1 lingurita miere

INSTRUCȚIUNI:
a) Adăugați frunze de ceai în vrac într-un infuzor.
b) Se toarnă o cană de apă fierbinte.
c) Se lasă la macerat timp de 5 minute. Nu depășiți.
d) Se fierbe laptele.
e) Turnați apa fierbinte într-o cană.
f) Se toarnă laptele deasupra.
g) Acoperiți cu un strop de miere.

79.Ceai Lapte cu flori de hibiscus

INGREDIENTE:
- 2 lingurite de flori de hibiscus uscate, zdrobite
- ¼ lingurita apa de trandafiri
- Hibiscus și petale de trandafir pentru ornat
- ¼ cană apă fiartă
- ¾ cană lapte, spumat
- 2 lingurite miere

INSTRUCȚIUNI:
a) Aduceți apa la punctul de fierbere.
b) Puneți florile de hibiscus uscate într-un coș pentru strecurătoare de ceai.
c) Se fierbe ceai aproximativ 5 minute.
d) Scoateți sita de ceai.
e) Amestecați apa de trandafiri și îndulcitor în ceai.
f) Adăugați lapte spumat cald și decorați.

80.Rădăcină de valeriană Ceai super relaxant

INGREDIENTE:
- 1 lingurita uscata rădăcină de valeriană
- 1 lingurita uscata Flori de mușețel

INSTRUCȚIUNI:
a) Într-un ceainic cu toate ingredientele, turnați 2 căni de apă fierbinte .
b) Se fierbe timp de 5 minute.
c) Strecurați sau îndepărtați pliculețele de ceai.
d) Adăugați miere .

81.Sunătoare Ceai calmant

INGREDIENTE:
- 1 uncie balsam de lămâie
- 1 uncie flori de mușețel
- ½ uncie de sunătoare

INSTRUCȚIUNI:
a) Înmuiați amestecul în 1 cană de apă fiartă.
b) Se acoperă timp de 10 minute și se strecoară.

82.Ceai de intinerire

INGREDIENTE:

- Măceș din 1 parte
- 1 parte flori de galbenele
- 1-parte gallum f coboară
- flori de borage din 1 parte
- 1 5 părți frunze de urzici

INSTRUCȚIUNI:
a) Puneți toate ierburile într-o pungă de ceai , puneți într- o cană și acoperiți cu apă clocotită.
b) Înmuiați timp de 10 minute.
c) Scoateți plicul de ceai și adăugați îndulcitorul.

83.Ceai pentru răceli și rășușeală

INGREDIENTE:
- 2 uncii de flori de Malva
- 1 ½ uncie flori de mullein

INSTRUCȚIUNI:
a) Se infuzeaza timp de 10 minute in 1 cana de apa fierbinte. , încordare.
b) Se beau 2 cani pe zi .

84. Ceai de plante din flori de tei

INGREDIENTE:
- Pungă cu flori de tei uscate
- Apa clocotita

INSTRUCȚIUNI:
a) Puneți florile uscate într-o oală .
b) Se toarnă apă clocotită și se lasă la macerat timp de patru minute .

85.Ceai de popuri

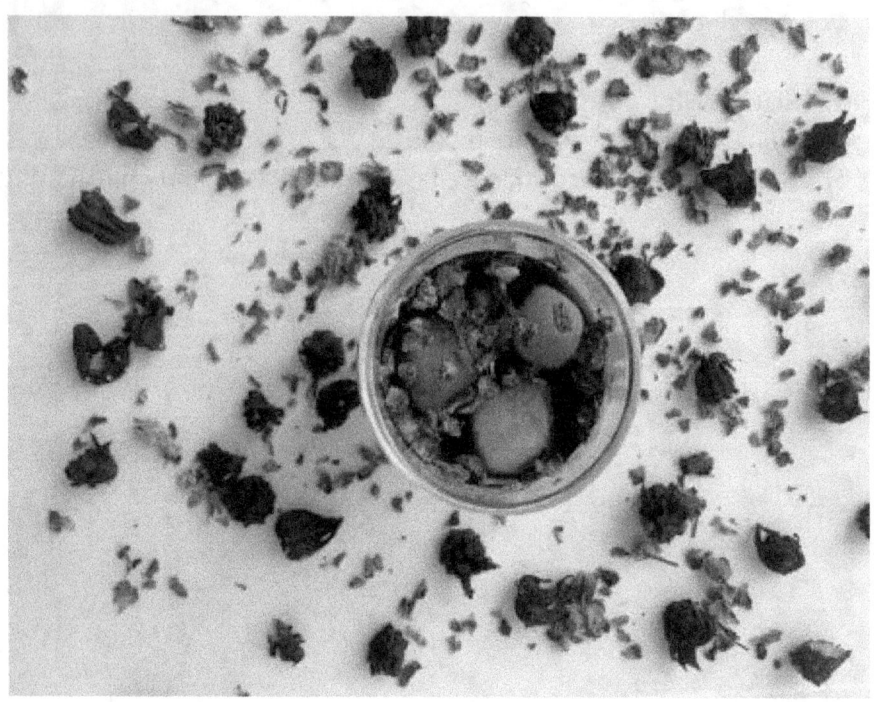

INGREDIENTE:
- 3 batoane coaja de scortisoara , maruntita
- 1 lingura nucsoara macinata
- 2 uncii de petale de portocale uscate
- 2 linguri coaja Cassia , maruntita
- 4 Anason stelat întreg
- 8 uncii de ceai negru
- 3 uncii Flori de hibiscus uscate
- Câteva răsuciri ale unei mori de piper
- 1 uncie coajă proaspătă de portocală rasă grosier
- 1 linguriță cuișoare întregi , mărunțite într-un mojar

INSTRUCȚIUNI:
a) Amestecă toate ingredientele într-un castron cu mâinile.
b) Apoi se întinde pe un coș plat sau o tavă și se usucă timp de câteva ore.
c) Folosiți o lingură plină per oală.

86. Ceai de trifoi roşu

INGREDIENTE S:
- ¼ cană de trifoi roșu proaspăt
- Înflori, cu câteva frunze
- Lămâie
- Miere
- Frunze de mentă proaspătă
- Câteva frunze de păpădie

INSTRUCȚIUNI:
a) Puneți florile și frunzele într-un ceainic.
b) Umpleți cu apă clocotită, acoperiți-o și fierbeți timp de 10 minute pentru a infuza.
c) Se strecoară într-o ceașcă, se adaugă o răsucire de lămâie și se îndulcește cu miere.

87.Vin trandafir și lavandă

INGREDIENTE:
- 1 sticla de Pinot Grigio
- 5 petale de trandafir
- 2 tulpini de lavandă

INSTRUCȚIUNI:
a) Adăugați ierburile direct în sticla de vin deschisă.
b) Sigilați bine.
c) Se pune la macerat timp de 3 zile la loc racoros sau la frigider.
d) Strecurați petalele de trandafiri și levănțica.
e) Serviți într-un pahar.
f) Ornează cu petale de trandafir și lavandă.

DESERT

88.Afine Lavanda Merisoare Crisp

INGREDIENTE:
- 3 căni de afine
- 1 cană de afine
- ½ linguriță de flori proaspete de lavandă
- ¾ cană zahăr
- 1-½ cană de biscuiți graham zdrobiți din fulgi de ovăz
- ½ cană de zahăr brun
- ½ cană de unt topit
- ½ cană de migdale feliate

INSTRUCȚIUNI:
a) Preîncălziți cuptorul la 350 de grade F.
b) Combinați afinele, merisoarele, florile de lavandă și zahărul.
c) Se amestecă bine și se toarnă într-o tavă de copt de 8 x 8 inch.
d) Combinați biscuiții zdrobiți, zahărul brun, untul topit și migdalele feliate.
e) Se sfărâmă peste partea de sus a umpluturii.
f) Coaceți timp de 20 până la 25 de minute, până când umplutura devine spumoasă.
g) Se răcește cel puțin 15 minute înainte de servire.

89. Dulceata de rubarbă, trandafir și căpșuni

INGREDIENTE:

- 2 kilograme de rubarbă
- 1 kilogram de căpșuni
- ½ kilogram de petale de trandafir foarte parfumate
- 1½ kilograme de zahăr
- Au fost puse deoparte 4 lămâi suculente, inclusiv semințe

INSTRUCȚIUNI:

a) Se taie rubarba și se adaugă într-un castron căpșunile întregi decojite și zahărul. Se toarnă zeama de lămâie, se acoperă și se lasă peste noapte.
b) Turnați conținutul vasului într-o tigaie nereactivă. Adăugați semințele de lămâie legate într-o pungă de muselină și aduceți ușor la fiert. Se fierbe 2 minute, apoi se toarnă conținutul cratiței înapoi în bol. Acoperiți și lăsați la loc răcoros peste noapte încă o dată.
c) Puneți amestecul de rubarbă și căpșuni înapoi în tigaie.
d) Scoateți vârfurile albe de pe bazele petalelor de trandafir și adăugați petalele în tigaie, împingându-le bine în jos printre fructe.
e) Se aduce la fierbere și se fierbe rapid până se atinge punctul de priză, apoi se toarnă în borcane calde sterilizate.
f) Sigilați și procesați.

90. Biscuiți cu picături de portocale și gălbenele

INGREDIENTE:
- 6-8 flori proaspete de galbenele, spălate, petalele îndepărtate și baza de flori aruncată
- ½ cană de unt înmuiat
- ½ cană zahăr
- coaja rasa a 2 portocale
- 2 linguri concentrat de suc de portocale, topit
- 1 lingurita de vanilie
- 2 oua, batute usor
- 2 căni de făină
- 2 ½ lingurițe de praf de copt
- ¼ lingurita sare
- 1 cană jumătăți de migdale

INSTRUCȚIUNI:
a) Preîncălziți cuptorul la 350 de grade F.
b) Ungeți ușor două foi de biscuiți.
c) Crema untul, zaharul si coaja de portocala pana devine pufoasa.
d) Adăugați concentrat de suc de portocale și vanilie. Amestecați ouăle, amestecând până se omogenizează. Cerne împreună făina, praful de copt și sarea.
e) Amestecați petalele de gălbenele și ingredientele uscate în amestecul cremă.
f) Puneți aluatul cu lingurițe pe o foaie de biscuiți.
g) Apăsați o jumătate de migdale în fiecare prăjitură.
h) Coaceți timp de 12 până la 15 minute, până se rumenesc.

91. Parfait de iaurt cu microgreens

INGREDIENTE:
- ½ cană de iaurt simplu sau de vanilie
- ½ cană mure
- ¼ cană granola
- 1 lingurita miere locala
- un praf de microverzi de galbenele

INSTRUCȚIUNI:
a) Într-o ceașcă de parfait, puneți în straturi iaurtul și fructele de pădure.
b) Terminați cu un strop de miere locală, granola, un vârf de microgreens de gălbenele și o ultimă boabă!

92. Pâini în miniatură cu flori de morcov

INGREDIENTE:
- 3 linguri sos de soia
- 1½ linguriță de ghimbir, ras
- ¼ lingurita Sare
- 1 cană orez, fiert
- 2½ cană Morcov, mărunțit
- 1 ou
- 1 lingura otet, orez
- 2 catei de usturoi, tocati
- 1 liră de curcan, măcinat
- ¾ cană ceapă verde, tocată
- ½ cană castane de apă, tocate
- 2 linguri ulei

INSTRUCȚIUNI:
a) Se amestecă toate ingredientele, cu excepția a 2 c. a morcovilor și a uleiului.
b) Formați 12 chiftele de 2 inci. Combinați morcovii rămași și uleiul. Rulați chiftele în morcovi. Se aseaza in pahare pentru briose unse cu unt, se presara morcovi ramasi si se acopera cu folie.
c) Se coace la 375 de grade timp de 25 de minute. Scoateți folia și coaceți încă 5 minute până când vârfurile morcovilor încep să se rumenească.
d) Lăsați să stea 5 minute înainte de servire.

93. Biscuiți cu isop cu anason

INGREDIENTE:
- ½ cană flori de isop de anason, tocate
- 3 ouă
- 1 cană de zahăr
- ½ lingurita de vanilie
- 2 căni de făină
- 1 lingurita Praf de copt
- ½ lingurita Sare

INSTRUCȚIUNI:
a) Bateți ouăle până când se devin groase și de culoare lămâie.
b) Adăugați zahăr și petalele de flori și bateți timp de 5 minute. Adăugați vanilie.
c) Adăugați făina, praful de copt și sare la amestecul de ouă. Continuați să bateți încă 5 minute.
d) Puneți aluatul câte lingurițe pe foile de copt unse, la distanță între ele.
e) Coaceți la 325 F timp de 12 până la 15 minute.

94. Lemon Pansy Pie

INGREDIENTE:
- Aluat foietaj
- 2 oua
- 3 gălbenușuri de ou
- ¾ cană de zahăr
- ½ cană suc de lămâie
- 1 lingura coaja rasa de lamaie
- 1 cană smântână groasă
- 1 pachet de gelatină nearomatizată
- ¼ cană apă
- panseluțe cristalizate

INSTRUCȚIUNI:
a) Într-o cratiță de 1 litru cu un tel de sârmă, bateți ouăle, gălbenușurile, zahărul, zeama de lămâie și coaja.
b) Gatiti la foc mic, amestecand continuu cu o lingura de lemn pana cand amestecul se ingroasa si imbraca lingura pentru aproximativ 10 minute.
c) Se strecoară și se pune deoparte.
d) Când aluatul s-a răcit, încălziți cuptorul la 400 °F. Între 2 foi de hârtie cerată cu făină, întindeți aluatul până la o rotundă de 11 inci. Scoateți foaia de hârtie de sus și răsturnați aluatul într-o farfurie de plăcintă de 9 inci, lăsând excesul să se extindă peste margine.
e) Scoateți foaia rămasă de hârtie cerată. Îndoiți excesul de aluat dedesubt astfel încât să fie egal cu marginea farfuriei.
f) Cu o furculiță, străpungeți fundul și de jur împrejur lateralul aluatului pentru a preveni contractarea. Tapetați aluatul cu folie de aluminiu și umpleți cu fasole uscată nefiertă sau cu greutăți pentru plăcintă.
g) Coaceți crusta de patiserie timp de 15 minute, îndepărtați folia cu fasole și coaceți 10 până la 12 minute mai mult sau până când crusta devine aurie. Răciți crusta complet pe grătar.
h) Când crusta de patiserie s-a răcit, bateți smântâna până se formează vârfuri moi și lăsați deoparte.

i) Într-o tigaie, amestecați gelatina și apa și încălziți la foc mic, amestecând până când gelatina se dizolvă.
j) Amestecați amestecul de gelatină în amestecul de lămâie răcit. Îndoiți frișca în amestecul de lămâie până se omogenizează. Ungeți umplutura cu cremă de lămâie într-o crustă de patiserie și dați la frigider timp de 2 ore sau până când se întărește.
k) Inainte de servire, asezati panselutele in jurul marginii si in centrul placintei, daca doriti.

95.Biscuiti cu musetel

INGREDIENTE:
- ¼ cană flori de mușețel
- ½ cană unt moale
- 1 cană de zahăr
- 2 oua
- ½ linguriță extract de vanilie
- 1¾ cană de făină

INSTRUCȚIUNI:
a) Tăiați cu grijă florile de mușețel și puneți-le deoparte.
b) Crema untul si ouale si vanilia.
c) Se amestecă făina și mușețelul.
d) Puneți cu lingurițe pe o foaie de biscuiți unsă ușor.
e) Se coace la 300' timp de 10 minute.

96.Sorbet de căpșuni și mușețel

INGREDIENTE:
- ¾ cană apă
- ½ cană Miere
- 2 linguri muguri de ceai de musetel
- 15 căpșuni mari, congelate
- ½ linguriță Cardamon măcinat
- 2 lingurițe frunze de mentă proaspătă

INSTRUCȚIUNI:
a) Aduceți apa la fiert și adăugați miere, cardamom și mușețel.
b) Se ia de pe foc după 5 minute și se da la rece până se răcește foarte bine.
c) Puneți căpșunile congelate într-un robot de bucătărie și tocați-le mărunt.
d) Adăugați siropul răcit și amestecați până se omogenizează.
e) Scoateți cu lingura și păstrați într-un recipient la congelator. Se serveste cu frunze de menta.

97. Carnation Marshmallow Fudge

INGREDIENTE:
- 2 linguri de unt sau margarina
- ⅔ cană lapte evaporat nediluat
- 1½ cană de zahăr granulat
- ¼ lingurita Sare
- 2 căni de marshmallows în miniatură
- 1½ cani de bucăți de ciocolată semi-dulce
- 1 lingurita extract de vanilie
- ½ cană nuci sau nuci tocate

INSTRUCȚIUNI:
a) Tavă pătrată cu unt de 8 inci.
b) Într-o tigaie, combinați untul, laptele evaporat, zahărul și sarea.
c) Se aduce la fierbere, amestecând continuu.
d) Se fierbe timp de 4 până la 5 minute, amestecând continuu și se ia de pe foc.
e) Se amestecă bezele, bucăți, vanilie și nuci.
f) Amestecați energic timp de 1 minut sau până când marshmallows se topesc complet.
g) Se toarnă în tigaie. Se răcește și se taie în pătrate. Sugestie Pentru un fudge mai gros, utilizați o tavă de 7 x 5 inci.

98. Înghețată violet

INGREDIENTE:
- 1 cană smântână grea
- 2 căni pesmet fin, proaspăt de grâu integral
- ¼ cană zahăr brut cristalizat
- Violetele cristalizate

INSTRUCȚIUNI:
a) Bate frisca pana se taie. Încorporați pesmetul și zahărul.
b) Dați la congelator până se întărește, dar nu tare.
c) Înainte de servire, amestecați câteva violete cristalizate și ornați fiecare porție cu mai multe din aceeași porție.

99.Sufleu violet

INGREDIENTE:
- 9 uncii de zahăr granulat
- 8 gălbenușuri de ou
- 8 picături de esență de violet
- 12 violete confiate, zdrobite sau tocate
- 12 albușuri
- 1 praf de sare
- Unt
- Zahar granulat
- Zahăr de cofetar

INSTRUCȚIUNI:
a) Bateți zahărul și gălbenușurile împreună până când palid și gros.
b) Adaugati esenta de violeta si violetele confiate.
c) Albusurile se bat spuma cu sare pana la varfuri tari. Îndoiți împreună.
d) Ungeți interiorul unui vas de suffle și ungeți-l cu atât de mult zahăr cât se va lipi de unt.
e) Se toarnă amestecul de suffle. Se coace timp de 15 minute la 400.
f) Deasupra se presară zahăr de cofetă și se dă la cuptor pentru încă 5 minute.
g) Se serveste fierbinte.

100.Pavlova de căpșuni, mango și trandafir

INGREDIENTE:
- 6 albusuri
- ⅛ lingurita crema de tartru
- praf sare
- 1 ½ cană de zahăr
- 1 lingurita suc de lamaie
- ¼ de linguriță de apă de trandafiri sau ½ linguriță de vanilie
- 2 ½ linguriță amidon de porumb
- 4 căni de mango și căpșuni feliate
- 2 linguri de zahar
- 1 ½ cană smântână pentru frișcă
- ½ cană brânză mascarpone
- Petale de trandafir roz comestibile

INSTRUCȚIUNI:
a) Preîncălziți cuptorul la 250°F.
b) Tapetați o tavă de copt cu pergament.
c) Desenați un cerc de 9 inci pe hârtie. Întoarceți hârtia astfel încât cercul să fie pe reversul.

PENTRU MERINGUE
d) În bolul unui mixer cu suport prevăzut cu accesoriul pentru tel, bate albușurile, crema de tartru și sarea până se formează vârfuri moi.
e) Adăugați 1 ½ cană de zahăr, câte 1 lingură, bătând la viteză mare până se formează vârfuri tari și bezeaua nu mai este nisipoasă, răzuind bolul după cum este necesar. Bateți sucul de lămâie și apa de trandafiri. Folosind o spatulă de cauciuc, amestecați ușor amidonul de porumb.
f) Întindeți bezea peste un cerc pe pergament, ridicând ușor marginile pentru a forma o coajă.
g) Coaceți timp de 1 oră și jumătate.
h) Opriți cuptorul și lăsați să se usuce în cuptor cu ușa închisă timp de 1 oră.
i) Se răcește complet pe o foaie pe un grătar.

AMESTEC DE CREMA
j) Într-un castron se amestecă mango și fructele de pădure cu cele 2 linguri de zahăr. Lasă să stea 20 de minute.
k) Între timp, într-un bol de mixare bate smântâna și mascarpone cu un mixer electric până se formează vârfuri moi.
l) Puneți coaja de bezea pe un platou.
m) Întindeți amestecul de smântână în coaja de bezea. Deasupra puneți amestecul de fructe.
n) Serviți imediat.

CONCLUZIE

În încheierea explorării noastre culinare a bobocilor și florilor, „Cartea de bucătărie completă pentru muguri și flori" vă lasă nu doar o colecție de rețete, ci și o nouă apreciere pentru minunile comestibile pe care le oferă natura. Fie ca aceste pagini să vă inspire să îmbrățișați frumusețea aromelor florale, transformând fiecare masă într-o sărbătoare pentru simțuri.

Pe măsură ce vă porniți în propriile aventuri culinare cu flori comestibile, fie ca rețetele din această carte de bucate să fie un ghid, încurajându-vă să vă infuzați preparatele cu esența încântătoare a florilor. Lăsați petalele delicate și culorile vibrante să vă ridice mesele, creând o experiență culinară care este atât delicioasă, cât și captivantă vizual. Noroc pentru o lume în care fiecare mușcătură este o sărbătoare a frumuseții naturii și a talentului florilor comestibile!

www.ingramcontent.com/pod-product-compliance
Lightning Source LLC
LaVergne TN
LVHW021705060526
838200LV00050B/2507